文化的・言語的に
多様な子ども（CLD児）
支援のためのガイドブック

日本語教育と特別支援教育の統合をめざして

鈴木 ゆみ 編著
SUZUKI YUMI

JN121204

風間書房

は じ め に

この本を手に取ってくださった方は、担任の先生でしょうか。

それとも日本語教育を担当する先生でしょうか。

特別支援教育コーディネーターの先生かもしれません。

本書は、日本にいきる「文化的・言語的に多様な子ども＝CLD児（Culturally and Linguistically Diverse children、以下CLD児）」にかかわる教師と支援者向けに書かれたガイドブックです。

　2019年、この新聞記事が目に留まった人は少なくないと思います。「外国籍は通常の2倍　特別支援学級在籍率　日本語できず知的障害と判断か」（毎日新聞、2019）。外国籍の子どもの特別支援学級の在籍率が、全児童生徒の2倍超となっているという背景には、一体何があるのでしょうか。

　この背景には、日本語指導のシステムが未整備の地域が多いことが関係していると考えられます（図1）。ここから、平均で20％以上の外国につながる子どもが、「日本語指導が必要」とされながら支援を受けられない状態にあることがわかります。つまり、日本語指導を受けることができないためにその代替として特別支援学級を利用している可能性がありそうです（藤川、2021）。

　実際にCLD児の支援者や専門家からは、「授業中にぼーっとしており、話を聞いているかいないのか不明である、場面にそぐわない意見を言う、落ち着きがない、日本語で日常会話はできるが学習言語の理解がない、指示が通っていないなど様々である。その問題行動の原因がなんであるかが明確でないため、適切な指導や支援をすることが困難である」（川崎、2013）、「学習の遅れや問題行動が日本語を十分理解できないからなのか、あるいは発達障害だからなのかを確実に見極めることは非常に困難」（境・都築、2012）といっ

た声が聞かれるようになってきました。

　児童精神科医の髙橋（2022a）は、日本で暮らす「外国にルーツをもつ障害のある子ども」について、障害をもつCLD児とその家族は2つのバリア・困難に直面していて、一つは障害ゆえのバリア・困難、もう一つは異文化の中で育ち、暮らすことによるバリア・困難である、と指摘しています。保護者の国籍の多様化や生活習慣文化の違いによる教育・子育て観の違いもCLD児のおかれた状況や理解に影響があるかもしれません。

　このように今、CLD児の言語と発達のアセスメントと対応がクローズアップされています。このガイドブックでは、CLD児の言語と発達、そして障害についての基本的な知識とアセスメントについて紹介し、支援の参考にしてもらうことを目的として書かれました。

　本書を手に取った支援者のみなさんが、この本を読んで目の前のCLD児とその家族の抱える困難に思いをはせ、できることから始めていただく一助になるのなら、著者一同これほどうれしいことはありません。

日本語教育が必要な児童・生徒への指導状況 ※開示された都道府県調査結果は確定の数値ではないため、文科省の集計と一致しない	日本語教育が必要な児童生徒がいる学校	日本語教育のために配置された教員	日本語教育が必要な児童生徒	無支援状態の児童生徒	無支援状態の比率
北海道	92	8	176	36	20.5%
青森県	28	8	47	16	34.0%
岩手県	20	8	46	18	39.1%
宮城県	94	43	164	54	32.9%
秋田県	27	1	49	7	14.3%
山形県	44	3	66	5	7.6%
福島県	53	11	102	31	30.4%
茨城県	226	77	1147	239	20.8%
栃木県	154	55	801	153	19.1%
群馬県	175	68	1190	200	16.8%
埼玉県	577	80	2297	698	30.4%
千葉県	556	54	1979	486	24.6%
東京都	1049	138	4017	1129	28.1%
神奈川県	746	304	5149	1039	20.2%
新潟県	101	13	229	73	31.9%
富山県	95	13	352	48	13.6%
石川県	43	11	134	33	24.6%
福井県	46	10	144	52	36.1%
山梨県	102	18	341	6	1.8%
長野県	171	49	636	180	28.3%
岐阜県	218	70	1448	506	34.9%
静岡県	399	77	3010	755	25.1%
愛知県	850	514	9275	1343	14.5%
三重県	253	104	2357	930	39.5%
滋賀県	162	46	1177	252	21.4%
京都府	142	31	442	113	25.6%
大阪府	567	121	3030	769	25.4%
兵庫県	313	52	1214	325	26.8%
奈良県	76	34	259	55	21.2%
和歌山県	33	5	54	18	33.3%
鳥取県	28	1	43	16	37.2%
島根県	40	22	152	19	12.5%
岡山県	73	14	157	61	38.9%
広島県	170	24	605	110	18.2%
山口県	36	10	106	27	25.5%
徳島県	42	6	78	8	10.3%
香川県	47	6	149	26	17.4%
愛媛県	32	3	59	6	10.2%
高知県	14	7	20	6	30.0%
福岡県	192	55	561	125	22.3%
佐賀県	21	2	37	6	16.2%
長崎県	31	3	49	30	61.2%
熊本県	74	8	144	47	32.6%
大分県	33	2	53	17	32.1%
宮崎県	24	24	44	8	18.2%
鹿児島県	35	3	53	23	43.4%
沖縄県	92	15	293	77	26.3%
全国	8396	2224	43935	10181	23.2%

図1　外国からきた子どもたち
日本語支援なし1万人推移
毎日新聞　2019年5月5日

3

目　　次

第 1 部

CLD児を知る
―基礎知識編―

第1章　CLD児ってどんな子ども？

【1. CLD児の定義】

　現代は、世界規模で人の移動や交流が盛んになっています。このような流れのなかで、子どものときから複数の言語や文化の中で育つ人たちが増えています。CLD児とは、移民の多い北米などで使われるCulturally and Linguistically Diverse childrenの略で、家庭の中で使われる言語とその国の社会や学校で使われている言語が異なり、生まれたときから複数の言語や文化に触れて育つケースや、成長の途中で国を越えて移住することで、接する言語や文化が変わるケースなどがあり、多様な言語や文化的背景に着目した概念です。

　日本では、CLD児以外にも、出身国や地域、国籍に注目した「外国にルーツを持つ子ども」、「外国につながる子ども/児童生徒」、「外国人児童生徒」や、言語に注目した「日本語指導が必要な児童生徒」、「日本語を母語としない子ども」、「JSLの子ども（日本語を第二言語とする子ども）」、「バイリンガルの子ども」等の呼び名でよばれることがあります（齋藤、2021）。CLD児という呼び名は、子どもがもつ複数の言語と文化的背景を多様なものとして、肯定的、かつ中立的にとらえようとする用語です（奥村、2021）。同時に、CLD児という呼び名は、文化的多様性の保持・伸長と、それを資源とした成長を志向する呼称でもあります（齋藤、2021）。

　本書では、以下の理由でCLD児という用語を使うことにしました。一つは、子どもの言語と発達のアセスメントという実証的なテーマがCLD児という中立的な概念と合うこと、もう一つは、多文化・多言語で育つ子どもの

アイデンティティ形成や、文化的多様性の保持と伸長を志向するCLD児という考え方に親和性があるためです。

【2. CLD児の学校での受け入れ状況と教育行政の動向】

2-1. 学校での受け入れ状況

　文部科学省（2022）「日本語指導が必要な児童生徒の受け入れ状況に関する調査（令和3年度、速報）」によると、公立の小中高等学校、義務教育学校・中等学校、特別支援学校8,440校に、日本語指導が必要な外国人（籍）生徒が47,627人存在します。また、日本国籍を持つ子ども（国際結婚家族の子ども、帰国児童生徒など）は、3,890校に10,726人、合計58,353人在籍します。これは、10年前より約1.7倍増加しています。なお、中学校で約2割、高等学校では約3割の児童生徒が私立学校に通っていますが、統計的データはなく実態は不明のため、日本語指導が必要な児童生徒の数はさらに多く、6万人をこえていることが予想されます。

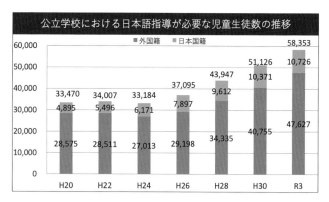

図1　公立学校における日本語指導が必要な児童生徒数（外国籍・日本国籍）の推移
文部科学省 2022「日本語指導が必要な児童生徒の受け入れ状況に関する調査（令和3年度、速報）」

　「日本語指導が必要な児童生徒」とは、「日本語での日常会話が十分にできない児童生徒」だけではなく、「日常会話ができても、学年相当の学習言語が不足し、学習活動への参加に支障が生じている児童生徒」を指します。

　2021年度の調査結果では、外国籍・日本国籍を合わせた人数で、多い順にポルトガル語（12,464人、21%）、中国語（11,816人、20%）、フィリピノ語（9,755人、17%）、日本語（5,036人、9%）、スペイン語（4,095人、7%）、英語（3,277人、6%）、ベトナム語（2,886人、5%）、韓国・朝鮮語（645人、1%）となっています（図2）。ここでの、ポルトガル語・スペイン語は、ブラジルやペルーなど南米諸国につながる子どもがそのほとんどを占めると考えられます。同調査では、都道府県別の母語別在籍状況も報告されており、日本語指導が必要な外国籍の児童生徒数が最も多い愛知県（10,749人）では、半数近くがポルトガル語、次に多い神奈川県（5,261人）では約3分の1が中国語を母語としているなど、地域による傾向の違いもあります（西川、2022）。

　次に、在籍学校数をみてみると、全体の学校数の約3割の学校に日本語指導が必要なCLD児が在籍しています。そのうち、70%以上が少数在籍校（1名から4名）です。一方で、50名以上のCLD児が在籍する学校も少なくあ

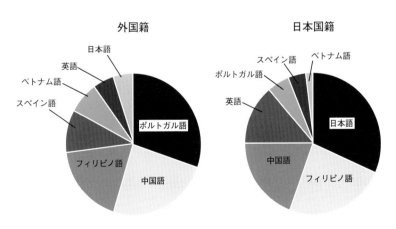

図2　日本語導が必要な児童生徒（外国籍・日本国籍）の母語別人数 文部科学省 2022

りません（全国で91校）。このような二極化が、受け入れや教育体制にも、学校や地域住民の課題意識や問題認識の違いにも見られ、地域・学校間の格差として問題化しています（齋藤、2021）。

2-2. CLD児のための国の教育政策と動向

2014年、学校教育法施行規則法の一部改正により小中学校、中等教育学校の前期課程、特別支援学校の小・中学部において、在籍学級以外の場所で実施する日本語指導（いわゆる取り出し授業）を「特別の教育課程」として編成・実施することが可能になりました。これまで、正式な教育課程に位置付けられておらず、自治体あるいは学校の判断で必要に応じて指導時間や内容を決定され実施されていたものが大きく方針転換がはかられたのです。令和4年には、高等学校での日本語指導を「特別の教育課程」として編成・実施するために省令が改正され、令和5年4月から施行されます。

文部科学省は、2018年に外国人児童生徒教育の担当部局を初等中等教育教区から総合教育政策局へと移行しました。その後の新たな施策として、外国人児童生徒教育アドバイザー派遣（2020年度～）、外国人児童生徒等教育に関する動画コンテンツ開発（2020年度～）、外国人児童生徒教育を担う教員の養成・研修モデルプログラム開発（2017年～2019年）等の動きがみられます。

2021年1月の中央教育審議会答申「令和の日本型学校教育の構築を目指して」では、外国人の子どもの教育の項が立てられ、外国人の子どもを共生社会の一員として今後の日本を形成する存在と位置づけ、指導体制の充実、教師の指導力向上、キャリア支援、母語・母文化支援等の検討の必要性が指摘されました（齋藤、2021）。

【3. 学校でのCLD児の受け入れ体制】

国レベルでは、CLD児の受け入れ体制の整備が進められてきていますが、

現場でCLD児への教育や支援に携わる教員や支援員の多くは、CLD児について学んできているわけではありません。日本語指導が必要なCLD児に直接携わる立場になったらまずどういうことをすればいいのでしょうか。櫻井（2021）を参考に考えてみましょう。

> 　ある日、パキスタンから来日したマリアムさん（仮名、10歳女児）があなたの勤める小学校に転入してくるという情報が入りました。
> 　マリアムさんは来日したばかりなので、日本語を全く話すことができません。パキスタンの公用語はウルドゥー語、宗教はイスラム教のようです。あなたは、マリアムさんの日本語指導担当（もしくは担任）になりそうです。

　校内では、日本語と教科学習の指導計画を立てて行っていきますが、それ以外にも学級、学校ですべきこと、できることは多くあります（小島、2022）。第4章で取り上げますが、CLD児の言語能力を含めた状況把握のために、移住時の年齢、滞日年数、成育歴、発達に関すること等、子どもの学習上、生活上の事柄を細かく確認します。また、日本の学校生活や提出書類についても丁寧に説明します。その際はできるだけ通訳をいれて行います。通訳の確保が難しい場合は、翻訳文書やICTも活用します。宗教などの理由から、従えない学校ルールがある場合には保護者と相談しながら、学校でできること・保護者に対応してもらうことなども確認します。また、CLD児がほっとできるような居場所づくりや、クラスメイトとよい関係が作れるように教員が働きかけることも重要でしょう。このように、CLD児が安心して学校生活を送れるよう、日本語支援だけではなく、保護者との情報の共有や他児との関係づくりなど、CLD児の学校生活全般を支えることが教師や支援者の重要な役割となります。

【4. CLD児の生活上・学習上の困難と課題】

　次に、CLD児が学校生活や日常においてどのような困難や課題を抱えやすいのかを具体的にみていきましょう。言語と発達に関係のあるエピソード（齋藤・今澤・内田・花島、2011；太田、2020）を参考に考えてみます。

〈事例1〉

落ち着きのない小学校2年生　A君

　A君は、幼稚園のころにアメリカからやってきた小学2年生の児童です。母親が日本人で父親がアメリカ人ですが、離婚後、母親に連れられて日本に来ました。来日直後はインターナショナルスクールの幼稚園に通っていましたが、小学校からは公立の学校に通うことになりました。小学校に入学し1年が経つころには、日常の生活では日本語で困ることはほとんどなくなりました。しかし、国語や算数の勉強では落ち着きがなく、手遊びばかりしています。そのうち、授業中、教室の中を歩き回ったり教室を抜け出したりするようになりました。担任は多動傾向があると心配し管理職に相談しました。（齋藤ら、2011より引用）

〈事例2〉

おしゃべりはできるけれど学習は苦手な小学校3年生　Bさん

　小学校3年生のBさんは、休み時間や活動中心の授業では、日本人の子どもたちと同じように活動しているのに、算数や国語の授業になるとぼーっとする様子が目立つようになりました。担任の先生が勉強したことについて尋ねてみると、やはり、わかっていません。まとめのテストもほとんど書けませんでした。日常生活には問題のないレベルの日本語の力をもっているのに、日本語でまとまった内容を伝えることや、文章を書くことができないのです。

先生は、もしかしてBさんは、発達上の障害、あるいは学習障害があるかもしれないと心配するようになりました。（齋藤ら、2011より引用）

〈事例3〉
複合的な課題をもつ小学校1年生　C君

　2018年4月、ネパール人でダウン症による知的障害のあるC君がA県の公立小学校に1年生として入学しました。担任は、子どもとのコミュニケーションと観察をするなかで、入学後まもなくから、発語もオウム返しもなく、音への反応も鈍いことが気になっていました。そして、翌5月にはC君は中度難聴（聴力の障害）があることも明らかになります。つまりC君は、日本語はもちろんネパール語も話せず、"言葉のない世界"で生きている複合的な課題を持つ子どもでした。さらに両親へもなかなか日本語が伝わりませんでした（太田、2020）。

　事例3は、複合的な課題があるCLD児です。C君の場合、障害があることが前提の支援になりますが、CLD児とその家族には、日本人にはないバリアや壁があることが知られています。言葉や文化の問題に加え、偏見や差別、アイデンティティの問題、さらに、ホスト社会の制度や社会サービスを利用できなかったり利用が制限されるような状況を生む制度上の壁もあると言われています（日本社会福祉士会、2018）。

　本書では、主に事例1と2に代表されるようなCLD児が抱えやすい困難のなかで、とくに多動や注意集中、社会性の発達（コミュニケーション）、学習の遅れをどのように捉え、支援していくのかについて考えます。

COLUMN1.

VOICES OF TEACHERS　教育制度・学校文化の違い

　CLD児の保護者とのかかわりにおいて、現場の先生方からは、違和感を覚えたり、行き違いが生じたことがあるという声を聞きます。例えば、すぐに学校を休ませるCLD児の保護者に欠席の理由を尋ねると、「大雨や風が強いなど、悪天候だから」というものだったりします。日本では警報が出ない限り悪天候でも基本的には学校に行くとされていますが、国によってはそうした状況下では学校を休ませることが一般的である場合もあります（臼井、

Ⅰ　学校教育制度について
①就学年齢と就学年数（小中学校教育の年数、義務教育の年数、落第制の有無、就学率）
②修了・入学試験制度（義務教育修了認定試験の有無、高校入試の有無）
③学期の始まりと終わり（年度が何月始まりか、何学期制なのか、長期休業がいつか）
④一日のスケジュール（多部制か否か、午前のみか否か）
⑤授業料、教科書代や副教材代などの費用負担（無償か有償化、貸与か）
⑥日本と異なる教科（日本にあって外国に無いもの、外国にあって日本に無いもの）
⑦日本と異なる学校行事（校外学習の有無、運動会や部活動の有無、休日登校の有無）
Ⅱ　学校生活について
⑧「宿題」に対する考え方や習慣
⑨昼食（自宅に帰って食べるのか学校のカフェテリアで食べるのか、「給食」への理解度）
⑩おやつや軽食、ジュース（持参や購入が認められているのか）
⑪「清掃」に対する考え方や習慣
⑫服装（衣替えの必要性、制服の有無、上履きの有無、体操服の有無）
⑬学校と保護者との関わり方（日常の連絡方法、行事への参加）
Ⅲ　宗教面への配慮の必要について
⑭服装（身体露出の程度、アクセサリーの着用）
⑮食事（禁忌食材、食事のマナーやルール、断食月）

図1　教育制度や生活習慣の違い（臼井、2014より引用、改変）

2014)。その他にも「遅刻を気にしない」、「学校プリントの管理ができていない」（李、2023）といったこともあるようです。

　私たちがそうであるように、CLD児の保護者も、基本的に育った国や地域の教育制度や学校文化の基準に照らして物事を判断します。そうした背景を考慮せず、日本の教育制度や学校文化の基準で捉えてしまうと、行き違いが生じることにつながってしまいます。このような違いは、教育制度、学校生活、宗教面等多岐にわたります（図1）。CLD児の出身国の教育事情などを参考に、日本との違いを意識してていねいに説明するようにしましょう。

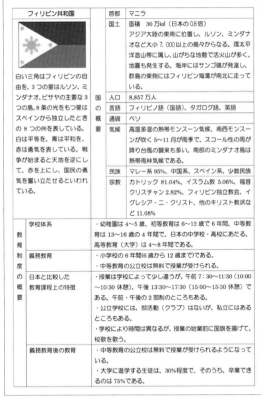

フィリピン共和国		首都	マニラ
白い三角はフィリピンの自由を、3つの星はルソン、ミンダナオ、ビサヤの主要な3つの島、8条の光をもつ星はスペインから独立したときの8つの州を表している。白は平等を、青は平和を、赤は勇気を表している。戦争が始まると天地を逆にして、赤を上にし、国民の勇気を奮い立たせるといわれている。		国土	面積　30万km²（日本の0.8倍）アジア大陸の東南に位置し、ルソン、ミンダナオなど大小7,000以上の島々からなる。環太平洋造山帯に属し、山がちな地勢で活火山が多く、地震も発生する。海岸にはサンゴ礁が発達し、群島の東側にはフィリピン海溝が南北に走っている。
		国の概要 人口	8,857万人
		言語	フィリピノ語（国語）、タガログ語、英語
		通貨	ペソ
		気候	高温多湿の熱帯モンスーン気候。南西モンスーンが吹く5～11月が雨季で、スコール性の雨が降り台風の襲来も多い。南部のミンダナオ島は熱帯雨林気候である。
		民族	マレー系95%、中国系、スペイン系、少数民族
		宗教	カトリック81.04%、イスラム教5.06%、福音クリスチャン2.82%、フィリピン独立教会、イグレシア・ニ・クリスト、他のキリスト教派など11.08%
教育制度の概要	学校体系	・幼稚園は4～5歳、初等教育は6～12歳で6年間、中等教育は13～16歳の4年間で、日本の中学校・高校にあたる。高等教育（大学）は4～8年間である。	
	義務教育	・小学校の6年間(6歳から12歳まで)である。・中等教育の公立校は無料で授業が受けられる。	
	日本と比較した教育課程上の特徴	・授業は学校によって少し違うが、午前7：30～11：30（10:00～10:30休憩）、午後13:30～17:30（15:00～15:30休憩）である。午前・午後の2部制のところもある。・公立学校には、部活動（クラブ）はないが、私立にはあるところもある。・学校により時間は異なるが、授業の始業前に国旗を揚げて、校歌を歌う。	
	義務教育後の教育	・中等教育の公立校は無料で授業が受けられるようになっている。・大学に進学する生徒は、30%程度で、そのうち、卒業できるのは75%である。	

図2　母国の教育事情の例（千葉県教育庁）

第2章　CLD児のことば

【1. CLD児の母語の習得と第二言語】

　言語形成期の子どもの母語は、図1のような筋道で伸びていくといわれています（中島、2021）。母文化の基本的な行動パターンや価値観が身に付いたのち、まず言語は「聞く力」、「話す力」が伸びていきます。「書く力」については、4歳くらいから文字に興味を持ち始め、9歳くらいまでには読み書きの基礎ができると考えられています。「9歳の壁」とは抽象的思考へのジャンプです。この壁を第一言語（Language 1、以下L1）で超えていれば、第二言語（Language 2、以下L2）でも超えることができます。L1があまり強くないと時間がかかる場合もあります。また、時間はかかりますが、CLD児のL2（日本語）も図1同様のステップを踏んで伸びていくと考えられています。

　それでは、年齢がすすんでいくと、第二言語はどのように発達するのでしょうか。言語習得には、適した（敏感な）時期があり、その時期を過ぎると習得が難しくなるというエリック・レネバーグ（Eric Lenneberg）の臨界期仮説（critical period hypothesis）があります。これについては、さまざまな議論がありますが、発音やリスニングなどの音韻能力は、6歳から12歳ぐらいを過ぎると、L1使用者のような習得が難しくなるといわれています。つまり、年齢の低い子どもの方が、年齢の高い子どもよりもL2習得は有利です。また、文法や語彙の知識は、年齢が高い方が習得が早く進むことが報告されています（櫻井、2021）。

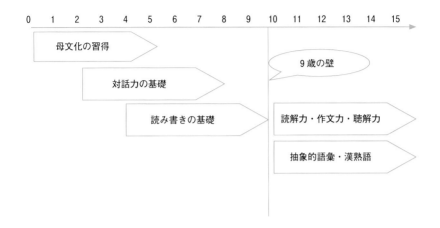

図1　言語形成期の年齢と第一言語・文化の習得　Cummins & Swain 1986：ジム カミンズ・中島和子、2021

【2. 第二言語習得にみられる個人差】

　子どものL2習得にも個人差があります。つまり、L2習得がうまくいく子どもと、そうではない子どもがいます。個人差が生まれる要因は様々なことが考えられますが、代表的なものとして、動機付けと、言語適性を参考に紹介します（西川、2022）。

　動機付けについて、子どもが新しい言語環境で学校に通うようになると、学校の友達と積極的に関わろうとすることが、その言語を身に付けようとする動機となり、L2が促進されるという事例が報告されています。また、このような例もあります。学習者のレベルにあった理解可能な言語インプットがL2の学習には必要ですが、そのインプットが十分に得られるにもかかわらず、L2の学習が思うように進まないことがありますが、それは、あるフィルターによって、インプットがブロックされていると考えます（情意フィルター仮説）。目に見えない心のフィルターが、言語のインプットをブ

19

ロックしているイメージです。もしも、日本語習得がうまくいかない原因が、日本や日本語に対する子どものネガティブな気持ちによってブロックされているとしたら、その気持ちへなんらかのアプローチをすると効果があるかもしれません。動機付けについて考えるときに大事なのは、教師や支援者、子ども同士の働きかけによって言語習得がすすむ可能性があることです。

　言語適性とは、新しい言語の習得を得意とする人がもっていると考えられる語学学習のセンスです。これは、L2習得に関する特別な能力で、知能とは別のものであると考えられています（小柳・向山、2018）。例えば、言語適性のうち、分析力が高い子どもであればある程度、文法ルールを示しても理解が可能かもしれません。分析力よりも記憶力の方が強いのなら、規則の説明ではなく、たくさんの表現例を覚えるような学習法が有効かもしれません。このように、L2習得はL1習得とは異なり、言語適性が関係し、個人差があることを念頭におき、CLD児と向き合うことが大切です（西川、2022）。

【3. CLD児の言語能力の捉え方
　　—生活言語能力（BICS）と学習言語能力（CALP）—】

　日本語をL2として学ぶCLD児は、学校の中で、日本語と日本文化を背景にもつモノリンガルの子どもたちと一緒に勉強しなければなりません。日本の学校教育のカリキュラムは、日本人としての教育をめざした学習指導要領にそって作られています。したがって、CLD児のように、多言語で多文化な環境で育つ子どもにとっては、必ずしも適しているとはいえないのです。そのような場所でCLD児の言語能力を捉えるには、大人の外国語習得とは違う角度から言語能力を捉える必要があります（櫻井、2021）。

　ジム・カミンズは、CLD児のL2習得を固定的な力としてではなく、教育により育成できる力として捉え、次の2つに分類しました。

　日常会話の流暢さを意味する生活言語能力（Basic Interpersonal

L1・表層面　　　　　　　　　　　L2・表層面

深層面

図 2　氷山にたとえた言語の表層面と深層面　Cummins & Swain 1986：ジム カミンズ・中島和子、2021

Communicative Skills: BICS）と、教科学習に必要な概念や考えを話し言葉と書き言葉の両方で理解し、表現する力を指す学習言語能力（Cognitive Academic Language Proficiency: CALP）です。一般に、BICS は習得に 1 〜 2 年、CALP は 5 〜 7 年、場合によってはそれ以上かかるといわれています。

　BICS と CALP で重要なのは、習得にかかる時間と方法の違いです。L 2 の環境に入った CLD 児は、学校生活を通して BICS を習得し、比較的早い段階から日常会話などにおいて自然なやりとりができるようになります。教師や養育者、周囲にいる人はその様子を見て、子どもの L 2 の習得の早さに驚きつつも、L 2 がモノリンガルの子どもと同じようになったと思いがちです。その結果、適切な支援がなされないまま、その後長い期間にわたって教科学習で困難を抱えることになるのです。

　一方、L 1 を習得した後に、L 2 を習得するのは、よい点もあります。共有基底言語能力モデル（Cummins, 1984）では、L 1 で身に付けた基盤となる能力は、L 2 でも共有されると考えます（図 2）。このモデルは、表面的には、2 つの別々の山に見えますが、水面下ではつながっている氷山のイメージで説明されます。また、このモデルは L 1 が十分に育たないまま、L 2 を習得することの危うさを示しています。L 2 だけではなく、L 1 も育てることの大切さは 5 節で説明します（西川、2022）。

【4. CLD児の母語と第二言語の関係】

　別の角度からＬ１とＬ２についてみていきましょう。CLD児の子どもは、モノリンガル（単一言語）で育つ子どもとは異なる言語の特徴や発達があります。みなさんも教室でこのような場面に出会ったことがあるかもしれません。

　転移（transfer）とは、２つの言語のうち一方の言語の言語要素が、もう一方の言語の使用に影響を与えることです。これは、単語や文法、言葉の意味といった様々な言語要素に現れます。たとえば、日本人が話す英語の発音がなまってしまうのは、日本語から英語への音韻レベルの転移ということになります。転移の方向は、優位言語から非優位言語への影響が一般的です。

　プロフィール効果（profile effect）とは、バイリンガルの言語発達過程が、言語要素によってアンバランスになることを指します。特に語彙獲得におけるバイリンガル環境の不利な影響はしばしば指摘されます（Oller et al., 2007）。バイリンガルは全ての生活場面で２つの言語を均等に使用するとは限らず、場面に応じて使用言語を使い分けることがむしろ普通です。例えば、外国に住む日本人の子どもの場合、家庭では日本語を使うので家庭生活に関する語彙は日本語で多く身につき、学校では現地語を使うので、学校生活に関する語彙は現地語で学習する、といった具合になります。そのため、各々の言語の語彙数だけ見ると、全ての生活場面で同一言語を使用するモノリンガルよりも少なくなりますが、両言語の語彙数を合計すれば、モノリンガルと同等だといわれています。

　複数言語で育つCLD児の２つの言語能力は、別々に存在するのではなく、相互に影響しあっています。図２でも示したように、２つの言語は、音声や表記法、文法など、表面に現れた２つの言語は異なっていたとしても、CLD児の頭の中で共有している部分があります。この図（図２）は、二言語相互

依存説（Cummins, 1984）とも呼ばれています。重要なのは、この理論が概念的要素の転移（例えば地球温暖化などの概念）まで含んでいる点です。つまり、L2 だけではなく、L1、母語でも学ぶ方が日本語や教科の学習にプラスになるといえそうです（櫻井、2021）。

【5. 母語の重要性】

　母語による支援は、児童生徒にとっては、気持ちを伝えられるので安心できる、日本語だけでは理解できない内容を効率よく理解できる、といった大きな利点があります。また、CLD 児が、来日前に出身国・地域で学んできたことを生かして、継続的に学習を進めることにも役立ちます。日本語で学ぶとなれば、日本語の力が壁となり、一時的にそれまでの学習を中断せざるをえない状況になりがちです。

　ただし、小学校の低学年で、母語の力自体が十分育っていない場合には、母語で説明したからといって、教科内容の理解が円滑に進むとは限りません。児童生徒の母語の発達状況に応じた対応・支援が重要です。

　母語による支援で陥りやすい問題もあります。例えば、児童生徒が母語に依存し過ぎて日本語を聞いて理解しようという気持ちになれない、母語と日本語を適当に切り替えながら使用しているので、どちらの言語においても体系的に力を付けられない、などです。

　母語を支援のために有効に利用するには、どのような場合に母語で、どのような場合に日本語で対応するのかについて、担当者間で相談しておくことも必要でしょう。バイリンガル教育においては、指導する側がルールなしに言語を切り替えることは、2 つの言語の発達という視点では、プラスに作用しないと考えられています。

　CLD 児が母語や母文化を自身の一部として肯定的に捉え、日本社会においても自己実現できるように、日本語と母語の両方の力を育むことが期待さ

れます。そのためにも、母語支援の重要性を確認するとともに、そのありようについても検討を重ねることが求められています（文部科学省、2019）。

第 3 章　CLD児と発達

【1. 発達障害とCLD児】

　2022年12月に文部科学省は「通常の学級に在籍する特別な教育的支援を必要とする児童生徒に関する調査」結果を発表しました。この調査によると、小学校・中学校の通常学級に在籍する生徒の8.8％が、発達障害が疑われる学習面又は行動面での著しい困難を示していました。前回10年前の調査から増加しており支援の充実が課題となっています。

　教師や支援者は、CLD児の学習上や生活上の困難さを解消するために、その困難さが何から来るものなのか知りたいと思うでしょう。そのとき支援者は、「発達障害」なのかどうか判断に迷うことになります。つまり、CLD児という文化的・言語的に多様性をもつ子どもが、多動や注意集中、コミュニケーションの困難などの発達障害や知的障害の診断基準となるような行動特性があるとき、発達上の課題としてとらえてよいか、という問題です。第1章（4. CLD児の生活上・学習上の困難と課題）にあるように、CLD児が示す困難は、発達障害のある子どもに生じることの多い困難と一致していることが少なくないのです。発達障害者支援法において、発達障害とは、「自閉症、アスペルガー症候群その他の広汎性発達障害、学習障害、注意欠陥多動性障害その他これに類する脳機能の障害であってその症状が通常低年齢において発現するものとして政令で定めるもの」と定義されています。発達障害は生まれながらの脳機能の障害であるというのが現在のところ有力な仮説であり、育て方によるものではありません。また、障害ゆえの困難が現れる時期は人や環境により、さまざまです。

　発達障害は、大きく「自閉症スペクトラム障害」「注意欠如多動性障害」「学習障害」に分けられます。自閉症スペクトラム障害（以下 ASD：Autistic Spectrum Disorders）と注意欠陥多動性障害（以下 ADHD：Attention-Deficit Hyperactivity Disorders）は、行動の特徴により、現在では就学前から気づかれることが少なくありません。しかし、環境とのマッチングにより困難度が大きく変化するため、就学後の一斉授業で不適応状態がみられて気づかれることもありますし、学校生活での集団行動の難しさや友人とのトラブルなどにより認識されることもあります。

　学習障害（以下 LD：Learning Disabilities）は、就学後の学習場面で初めて気づかれることが大半ですが、それ以前でも、絵本に興味を示さない、文字に関心がないなど、保護者や指導者の観察によってその兆候に気づかれることもあります。

1-1. 自閉症スペクトラム障害　ASD：Autistic Spectrum Disorders

　自閉症、アスペルガー症候群その他の広汎性発達障害は、この ASD に含まれます。ASD の人によく見られる困難として、暗黙のルールの理解の難しさ、非言語コミュニケーションの難しさ、他者視点に立つことの難しさ、全体を捉えることの難しさ、見通しをもつことの難しさなどがあり、そのため他者との社会関係を作ることに困難を抱えることがあります。また、細部に目が行き、興味関心が限定されがちであり、それが「こだわり」として現れることがあります。また、先生の言葉を聞きながらノートを取るといった並行作業を行うことが難しい場合もあります。その他、教室でのエアコンの音など他の人が気にならない音が非常に気になり教師の声などの必要な音が聞こえなくなったり、廊下側の席に座ると太陽の光の反射がまぶしすぎて教科書の字が読めなくなったりするなど、聴覚過敏や視覚過敏といった感覚過敏があることも少なくありません。このように、自閉症スペクトラム障害はさまざまなコミュニケーションの困難さを特徴とします。

　自閉症スペクトラム障害のCLD児は、家族における使用言語がしばしば問題となります。従来、自閉症スペクトラム障害やダウン症候群などでは、言語発達に限界があることを根拠に、移住した国の主要言語でコミュニケーションを行うことが勧められてきました。しかし近年のレビュー論文では、かならずしも多言語環境（移住先の言語とCLD児の母語）が言語的、発達的に有害であるという見解を支持する証拠はないことが示されています（Drysdale, H. et al., 2015; Uljarević, M. et al., 2016）。教育者、支援者も科学的知見に基づいてアドバイスを行うことが求められます（髙橋、2022b）。

1-2. 注意欠如多動性障害　ADHD：Attention-Deficit Hyperactivity Disorders

　ADHDの子どもによく見られる困難として、必要な対象に注意を維持し続けることが難しく、たとえば、課題やテストの細部を見落としてしまったり、指示が出ていても聞き逃しその指示に従えなかったり、直接話しかけられても他のことに気が取られ話を聞いていないように見えたり、よく忘れ物をしたりなどの、不注意に関するものがあります。また、行動・気分・思考のコントロールが難しく、授業中に教室を離席したり、手足を絶え間なく動かしそわそわしたり、質問が終わる前に答えてしまったり、しゃべり始めると止まらなかったり、怒りを爆発させたりなど、多動性・衝動性に関する困難が見られます。

　CLD児の事例研究において、CLD児には限られた言語理解の下で状況把握するために視覚情報を集めようときょろきょろと落ち着きなく周囲を見回すという一見多動と見える行動がみられたことが報告されています（黒葛原・都築、2011）。このように、CLD児の行動とADHDの行動とを識別するのは難しい場合があります。

1-3. 学習障害　LD: Learning Disabilities

　学習障害とは、基本的には全般的な知的発達に遅れはないが、聞く、話す、

読む、書く、計算する又は推論する能力のうち特定のものの習得と使用に著しい困難を示す状態を指します。学習障害はその原因として、中枢神経系に何らかの機能障害があると推定されますが、その状態を的確に把握するためには、視覚障害、聴覚障害、知的障害、情緒障害などの他障害や、環境的な要因が直接の原因でないことを確認することが必要であり、知的障害とは重複しない点に留意する必要があります（文部科学省初等中等教育局特別支援教育課、2021）。

　CLD児の言語発達は、モノリンガル（一言語で育つ子ども）とは異なる進度と過程を伴います。したがって、目の前にいる外国にルーツのある子どもの困難がLDの症状によるものかどうか考える際には、CLD児の言語発達を踏まえて、言語能力と学習能力の評価（アセスメント）をすることが求められます。

【2. CLD児と障害】

　CLD児で障害のある子どもについて、（髙橋ら、2018）は「豊田市における外国人障害児の現状と課題に関する調査報告書」の中で、1歳6か月児健診と3歳児健診での未受診率が日本の子どもに比べて3倍高いことや、保育や学校教育の現場では、言葉の遅れや集団での不適応行動が、（発達）障害に起因するものか養育環境によるものかという判断が難しいことをいち早く指摘しました。なお、ここでいう障害とは、発達障害（発達障害者支援法による）と知的障害とし、疑いのある子どもも含めています。

　子どもは、「社会の鏡」、「時代の鏡」といわれます。その社会の在り方や時代の変化を映し出しながら子どもは成長します。子どもの発達障害を、その子ども個人のなかにある問題としてばかりとらえるのではなく、社会的・文化的な視野の中でとらえることが重要です（滝川、2017）。CLD児が標準的発達からのおくれや逸脱を示す場合は、言語だけではなく、家庭の養育環境

や文化や社会環境の要因を考える必要があります。移住先の文化に馴染みが
なく、また社会環境にも適応していない CLD 児とその家族にとって、その
文化（日本の CLD 児の場合は日本）における標準的な行動、子育て課題の
優先順位、基本的生活習慣を習得する時期も異なることも多いため、日本で
生まれ育った子どもと比較して CLD 児の発達が遅れているように見えたと
しても、それは必ずしも障害があることを意味しません（髙橋ら、2018）。

　さらに、CLD 児に関するアセスメントの際、情報の聞き取りにも困難が伴
うことも少なくありません。加えて、アセスメントに用いる発達検査や知能
検査の検査項目も、各文化の中での行動、発達過程を基準に標準化がなされ
ていますが、CLD 児への適用については検討が始まったばかりです（島田、
2023：松田・中川、2017）。

【3. CLD 児と異文化体験　―心的ストレスの視点から―　】

　異なる文化に移動した CLD 児は、それまで暮らしていた世界とは異なる
言葉や文化の中で生活をしています。このような文化移行体験は、自己の成
長や第二言語の獲得、滞在先の社会や文化を知るなど、ポジティブな体験と
して子どもの心の成長につながる面をもちます。

　一方で、子どもは、移動により母語や母文化、慣れ親しんだ人間関係を喪
失する体験をしています。さらに過酷な体験をしていると考えられる CLD
児もいます。難民や戦争避難民の子どもは、母国を離れ、日本に来るまでに
非常に困難な状況の中で強いストレスにさらされていると考えられます（鈴
木、2016）。

　このような体験をした子どもは、分離不安、トラウマ体験、自己評価の未
発達に陥りやすく、文化的アイデンティティの混乱をきたすこともあります
（栗原、2004）。その結果、学校生活においても、落ち着きのなさや無気力な
ど、情緒面、行動面の問題として顕在化する可能性があるのです。

　このように、目の前にいるCLD児の一見発達障害のように見える症状は、実は文化移行に伴う一時的なストレスや、場合によってはトラウマの影響を受けている可能性があります。強すぎるストレスはトラウマになり子どもの成長にさまざまな負の影響を与えます。トラウマを体験した子どもは発達障害の子どもに見られるものと非常によく似た症状や困難を抱えることがあるため注意が必要です（小野、2021）。

COLUMN2.

VOICES OF TEACHERS

保護者とのコミュニケーション

　学校からのさまざまな連絡は、一般的に対面や電話、連絡帳やプリントなどを通じて行われます。CLD児の保護者と直接かかわる先生方からは、「保護者が話している言葉が分からないため、コミュニケーションをとりづらい」、「自分が伝えた連絡事項について、保護者がきちんと理解しているのか不安」などの声を聞きます。日本語でコミュニケーションが図れないことは、先生方が保護者とのかかわりの難しさを感じる要因の一つのようです。

　ここでは、ことばによるコミュニケーションの難しさを軽減させるために活用できることを紹介します。

1．やさしい日本語をつかう

　「やさしい日本語」は、普通の日本語より簡単で外国人に分かりやすいように配慮した日本語です。例えば、以下のように変換します。
「土足厳禁」→「靴を ぬいで ください」
「自転車でのご来校はご遠慮下さい」→「自転車で 学校に 来ないでください」

　普段の会話、あるいは連絡帳やお便りなど文章の中で、「やさしい日本語」を意識するだけでも、CLD児の保護者にとって理解の幅が広がるかもしれません。最近ではさまざまな自治体が「やさしい日本語」の推進に取り

図1　やさしい日本語の手引き
島根県・(公財)しまね国際センター

組んでおり、ホームページから情報を手にいれることができます。

２．翻訳アプリをつかう

　日本語が分からない保護者とかかわる際、翻訳アプリの活用も有用です。いずれも無料で使用することができ、教育現場をはじめ、日本語によるコミュニケーションが難しい場合に活用できるツールとして、さまざまな自治体で活用されています（図２）。

３．通訳者・母語支援者を活用する

　教育委員会や国際交流協会（自治体）やその他支援機関（NPOなど）では、通訳者や母語支援者の紹介や斡旋が可能なところもあります。それが難しい場合は、教員や支援者の独自のネットワークの活用も考えてみましょう。

図2　翻訳アプリの情報　国立障害者リハビリテーションセンター 発達障害情報・支援センター、2019(やさしい日本語版)

　以上の３つは言語による支援ですが、写真や動画、イラスト、ジェスチャーなどの視覚的な情報の提示も、日本語が分からない保護者への理解を促す一助となります。

　たとえ、ことばによるコミュニケーションがスムーズでなくとも、CLD児や保護者に寄り添う気持ちをもって、またできる支援を継続していくことで、保護者との信頼関係をつくっていきましょう。

第2部 CLD児を理解する
―アセスメント編―

第 4 章　CLD 児の言語のアセスメント

　この章では、CLD 児の言語のアセスメントについて概説します。CLD 児が学習上の課題や学校生活上の困難があるとき、教師や支援者の率直な疑問は、「日本語はどの程度できるのだろうか。」、「日本語で学習するための基礎的な日本語力はどの程度身についているのか。」ということではないでしょうか。

　前章で述べたように、第一言語も第二言語も基本的な発達ラインはあるものの、CLD 児の複数言語は相互に関係しながら発達します。その際、2 言語が同じ進度で発達するのはまれで、例えばある言語はもう一つの言語よりも早く発達するようになります。だからこそ CLD 児の言語発達のアセスメントは難しいと言えますが、CLD 児の言語能力を明らかにするさまざまな方法が開発されてきました。

　本章では、西川（2022）、奥野（2021）を参考に、基本的な言語アセスメントの考え方と、アセスメントツールを紹介します。

【1. 日本語のアセスメント】

1-1. 基本情報の把握

　CLD 児の適切な教育と支援を行うためには、CLD 児の暦年齢や来日年齢、滞日期間に加え、性格や知識、能力といった個人的な要因、家庭・養育環境、学習環境要因など、これからの学習にかかわってくる要因を多角的かつ総合的に把握することが大切です。次にあげるのは、文部科学省（2019）の『外国人児童生徒受入れの手引　改訂版』に掲載されている 8 つの事項です。

表1　基本情報の把握

1．来日年齢と滞日期間
2．背景の言語文化（特に、漢字圏かどうかなど）
3．発達段階（年齢）
4．来日前の教科学習経験（国・地域によって学校のカリキュラムは異なる）
5．基礎的学力（既習の教科内容についてどの程度理解力、知識があるのか）
6．日本語の力（「外国人児童生徒のためのJSL対話型アセスメントDLA」等による測定）
7．在籍している学級での学習参加の状況（一斉指導における理解の度合い、参加の様子は、取り出して1対1で指導している状況とは異なる）
8．家庭の学習環境（家庭内の言語使用状況、保護者の言語能力、教科学習へのサポートの可能性）

文部科学省（2019）『外国人児童生徒受入れの手引　改訂版』p.25 より引用

　また松永ら（2022）も、日本語指導を始める前に留意することとして、1．来日時の児童生徒の年齢、2．児童生徒の母語、3．母語による学習経験の有無や学校教育を受けた期間、4．文化的背景、5．在留予定期間と日本の学校での学習目的、6．児童生徒の性格や個性をあげています。

　日本語の力については、海外からの編入で日本語が全く話せない子ども、母国で日本語に触れる環境で過ごした子ども、国内で移動した子ども（市内・市外からの転入、外国学校からの編入）など、ケースによってさまざまです。母国で日本語を習っている場合もあります。

　逆に、日本での在住年数が長くても外国人が経営する託児所で過ごし、日本語に触れる機会が少ない子どももいます。このように、日本語の力をはじめとした成育歴は、今後の日本語指導に重要で指導にも生かすことができるため、可能な限り保護者との面談や編入前の学校からの情報を集め、書類を作ることをお勧めします。参考までに、愛知県豊橋市は、個別の指導計画として次のような様式を作成しています。

表2　CLD児の個別の指導計画の記入の注意点

個別の指導計画

記入例

様式2（指導に関する記録）

フリガナ 児童生徒名	指導時間	作成日 平成　　年　　月　　日	校長 前期末
作成者		指導場所：	

日本語の力	・日本語の力は、指導者個人の主観に偏らない複数人による多面的な見方での判断が望ましい。 ・記入の際には、「学習目標例」（日本語指導が必要な児童生徒を対象とした指導の在り方に関する検討会議）が参考になる。 ・日本語の力は「話す・読む・書く・聴く」の4技能の観点から記入する。その際、他の人に伝わりやすいものにするために、ステージと学習目標項目（a, b, c…）も併記したい。（例：2−b、4−eのように）日本語と教科の統合学習を行う段階であれば、教科学習に参加する力についての記入も必要である。	日本語テスト結果 1年生語彙調査 DLA 【話す】 【読む】 【書く】 【聴く】

指導目標	・「日本語の能力に応じた指導プログラム例」（文部科学省）の「大目標①〜③」を参考にして記入すると分かりやすい。	・1年生の語彙調査を記録する。 ・DLAを実施した場合には、結果の記録を残す。

日本語指導プログラム	4月　　5月　　6月　　7月　　8月　　9月　　10月 ・「外国人児童生徒受入れの手引き」（文部科学省）P26〜を参考に、5つのプログラムの組み合わせによって指導期間を記入する。 ①サバイバル日本語　②日本語基礎　③技能別日本語 ④日本語と教科の統合学習　⑤教科の補習 ・⑤のみの記入は望ましくない。

「特別の教育課程」による日本語指導	・「学習目標例」（前出）を参考に、対象児童生徒の日本語能力に応じた指導目標を記入すると分かりやすい。 ・1時間ごとの細かな計画ではなく、中・長期的な目標を掲げる。 ・言語の4技能がバランスよく指導できるような目標を設定する。	・具体的な指導内容について記入し、評価することが望ましい。 ・「④日本語と教科の統合学習」では、教科の単元名などを記入し、学習の様子を記すとよい。 ・授業中の観察や発表、スピーチ、作文などから総合的に評価する。 ・相対的な評価ではなく、個人の意欲や努力、到達度から個人内評価を行う。 ・日本語の評価の視点については、赤の下線部を引いておくと分かりやすい。
	・毎日の生活に関することを頻度の高い単語や定型表現を使って話す。（9月） ・分かち書きで書かれた短文を音読する。（9月） ・音節の少ないひらがなの文を書く。（9〜10月） ・頻度の高い単語や定型表現、基本文型などを使って、3〜5行程度の生活日記を書く。（10月）	・毎時間の終わりに、視覚情報が多く易しい表現の絵本の読み聞かせを行った。興味をもって聞き、好きな場面や繰り返しの表現などを言うことができた。（9月） ・「はなしたいな、ききたいな」では、簡単なモデル文を参考にして短文づくりができた。（10月）

上記以外の指導・課題						

	4月	5月	6月	7月	（8月）	9月	前期合計
取り出し指導の指導時数							

豊橋市教育委員会

愛知県豊橋市教育委員会、2015

【2. 日本語の力をみるアセスメントのツール】

2-1. 語彙調査
〈プレスクール実施マニュアル・愛知県多文化共生推進室発行〉

　この検査は、簡単な日本語が理解できるかどうかを調査するツールとして開発された語彙調査です。一般に、小学校就学年齢の子どもの語彙数は約4,000～5,000語と言われ、語彙の量は教科学習の理解に影響があると言われています。また、CLD児は、同年代の一言語環境（モノリンガル）で育つ子どもたちに比べて、語彙数が少ないことが諸外国の調査では明らかになっています。このテストは、100語の絵カードを使って、絵の名前を言う簡単なものです。また、日本語の学習歴がある子どもには、ひらがなの読み書きに挑戦させてみてもよいでしょう。

<語彙調査の方法>
１．準備するもの
(1) 語彙調査カード（比較的厚手の紙に、表面に絵、裏面に質問の言葉を印刷し、名刺サイズに1枚ずつ切ってカードを作ります。ラミネート加工をすると使いやすくなります。）
(2) 語彙調査チェックシート（表3）
(3) 筆記用具
(4) 机といす
２．語彙調査の方法・配慮する点
(1) 静かな落ち着いた環境で、子ども一人に対し質問者と記録者の2名で行います。
(2) 子どもに、質問者が語彙調査のカードを1枚ずつ提示して、絵の名前を聞いていきます。子どもが答えられない時は、何度も聞きなおしたり、質問の表現を変えたりせず、次の質問に移ります。この時、答えられないことが子どものプレッシャーにならないように、穏やかな雰囲気づくりが大切です。
(3) 記録者は、子どもの視界に入らない位置で、記録をします。
(4) 母語調査と日本語調査は、同時には行いません。質問者は、日本語調査の時は日本語だけ、母語調査の時は母語だけで話し、日本語と母語を混用しないように気を付けてください。また子どもによっては、日本語と母語のうち分かる方のことばを使い分けて話す場合がありますが、できるだけ一つの言語で話させるような配慮が必要です。
(5) 所要時間は、子ども一人当たり、15分～20分程度かかるでしょう。

表3 語彙調査チェックシート

名前：　　　　　　　　実施年月日：

調査場所：　　　　調査者：　　　　記録者：

		正	誤				正	誤
1	名前				51	そうじする・掃く		
2	年齢				52	寝る		
3	鉛筆				53	泣く		
4	けしごむ				54	笑う		
5	筆箱				55	おかあさん		
6	はさみ				56	おばあさん		
7	本				57	女の子		
8	机				58	大きい		
9	いす				59	長い		
10	時計				60	高い		
11	電話（携帯電話）				61	暑い		
12	かばん				62	目		
13	傘				63	口		
14	めがね				64	鼻		
15	くつ				65	おなか		
16	帽子				66	頭		
17	服（シャツ）				67	顔		
18	犬				68	手		
19	ねこ				69	右（右手）		
20	うさぎ				70	怪我をした（血が出た）		
21	牛				71	おなかが痛い		
22	象				72	薬		
23	蛙				73	赤		
24	魚				74	青		
25	へび				75	黄色		
26	せみ				76	緑		
27	ちょう				77	黒		
28	りんご				78	一番後ろの子どもを指す		
29	いちご				79	真ん中の風船を指す		
30	すいか				80	丸		
31	ぶどう				81	三角		
32	にんじん				82	四角		
33	きゅうり				83	2（数を数える）		
34	ごはん				84	4（数を数える）		
35	さら				85	7（数を数える）		
36	飛行機				86	9（数を数える）		
37	車（自動車）				87	3（数字を読む）		
38	自転車				88	5（数字を読む）		
39	船				89	8（数字を読む）		
40	信号				90	10（数字を読む）		
41	雨				91	あし		
42	雪				92	ねこ		
43	山				93	のり		
44	川				94	つくえ		
45	トイレ				95	好きな食べ物は何ですか		
46	階段				96	嫌いな食べ物は何ですか		
47	食べる				97	お友だちはいますか、お友だちの名前を教えてください		
48	（手を）洗う				98	お友だちと何をして遊びますか		
49	（本を）読む				99	今日、朝おきてから何をしましたか		
50	（字を）書く				100	おかあさんは、りんごとみかんをかいました		
						合計		

※調査時に気付いた子どもの様子　・発音やイントネーションが自然か。
・調査者とのやりとりがスムーズ（流暢）か。　・態度/様子はどうか。

愛知県　プレスクール実施マニュアル、2009より引用

2-2. JSLバンドスケール　〈川上、2020a；2020b〉

　JSLバンドスケールは、オーストラリア、クイーンズランド州のESL（English as a Second Language）バンドスケールをもとに作られたアセスメントツールです。このスケールには、教師がCLD児の日本語の発達段階を把握する（見立てを行う）ための「説明文」が、4技能（読む、書く、聞く、話す）ごとに示されています。

　発達段階に応じて、小学校低学年用（1年生～2年生）、小学校中高学年用（3年生～6年生）、中学・高校用（中学1年生～高校3年生）があり、その見立て（レベル）は、小学校は7段階、中学・高校は8段階に設定されています。

　このスケールの特徴は、普段からCLD児に接している教師や支援者が、子どもの学習や遊びの様子をよく観察し、そこで見られる動的な言語使用の実態をJSLバンドスケールの説明文に照らし合わせてレベルを見立てる点に

図1　JSLバンドスケール　小学校編　中学・高校編　　川上郁雄著　2020年　明石書店

あります。メリットとしては、実際に検査場面を設定する必要はないこと、CLD児が国内で移動する際の引継ぎにも有用だと考えられます。詳細は、「JSLバンドスケール」紹介パンフレットをご覧ください。(https://gsjal.jp/kawakami/dat/jsl 01 .pdf) また、オンライン無料講座＆実践勉強会も開催されています（2023年3月現在）。

	JSLバンドスケール　小学校		
	レベル1 初めて日本語で書くレベル	**レベル2** 日本語で書くことを試み続けるレベル	**レベル3** 短い文を日本語で書き始めるレベル
子どもの様子・ことばのやりとり	□日本語の文字を書き写すことができる。 □他の人が書いたものを真似る。 □自己表現として、絵や文字らしいものを書く場合もある。 □文の書き方が日本語と異なる言語を第一言語とする場合、覚えるのに時間がかかる場合がある。	□身の回りにある文字や教師の書いたものを書き写すことができる。 □補助があれば、描いた絵にタイトルをつけたり、自分の名前を書いたりできる。 □漢字の書き順が示されれば、それを書き写したり、書いたりできる。 □ひらがなやカタカナが定着しつつあるが、まだすべて書けるわけではない。	□よく知っている話題について、適切な補助があれば、短い文を書くことができる。 □子どもの「話し言葉」に見られる誤用を反映した文を書く。 □単文を書くことができる。ただし、使える接続詞は限られており、複文はまだ作れない。 □知っている漢字を使うことができるが、その数は限られている。 □在籍クラスで行われる、書くタスクをこなすのは困難である。

共通する特徴
・自分が表現したいことを日本語で書けない場合に、第一言語を使用することが勧められれば、第一言語で書く場合もある。（レベル1〜5）
・第一言語で経験したことをもとに、日本語で書くことを理解しようとする。（レベル1〜5）

このチェックリストは、各レベルの主な特徴をまとめたものです。子どもの日本語の発達段階を把握するために使用しましょう。詳しい情報や例は本文をご参照ください。

図2　JSLバンドスケール小学校中高学年「書く」チェックリスト　川上郁雄著
2020年　明石書店

中高学年「書く」チェックリスト

レベル4 学習したことをもとに、長く複雑な文を日本語で書こうとするレベル	レベル5 書くことにおいて自立しつつあるが、複雑さと正確さは、限られているレベル	レベル6 日本語をかなり書くことができるレベル	レベル7 日本語で十分に書くことができるレベル
□教師とともに読んだものをモデルに、物語文や説明文などの簡単な文章を書くことができる。 □いろいろ書くことを試し続ける。 □しかし、JSL児童の特徴的誤用は依然見られる。 □以前より長く、そして速く書けるが、日本語の力は限られているため、日本語で書いたものの「深さ」は、まだ十分ではない。 □在籍クラスで行われる、書くタスクをこなすのは、まだ困難である。	□自分一人で書けるようになり、語彙とテクストをコントロールする力を身につけてきている。 □補助は依然必要であるが、簡単な説明文、物語文、話の再生やその他のテクストを、学年に期待されるレベルで、独力で書くことができる。 □しかし、JSL児童の特徴的誤用は依然見られる。 □語彙の不足、語句のニュアンスの違いについての知識不足、使える構文が限られているなど、日本語全般の力が限られているために、書かれたものに「深み」がない □「話し言葉」の特徴が「書き言葉」にあまり表れなくなり、在籍学年に期待されるレベルで、より「書き言葉」らしくなっている。 □第一言語と第一言語による読み書き能力よりも、日本語と日本語による読み書き能力を活用し始める。	□年齢と学年に応じた範囲内で、日本語をかなり書けるようになる。 □複雑な日本語文法力が発達している。 □慣用句、メタファー、ユーモアなど、文化的な負担が大きい語句を使うことはできない場合がある。 □JSL児童の特徴的誤用はいくらか残るが、それは意味伝達の妨げにはならない。 □書く前や書いている間に、自分の考えや言葉を処理するのに時間がかかる。時間が与えられれば、多様な表現を用いて文章を書くことができる □日本の文化的話題について書くことは難しい場合がある。	□年齢と学年に応じた範囲内で、日本語で十分に書くことができる。 □目的や読み手に応じ、生活場面や学習場面を考えて、文章を書くことができる。 □与えられた時間内に書くことができる。 □十分に発達した4技能を使うことができる。 □ただし、日本の文化的話題について書く場合は、ときどき困惑を感じる場合がある。 □ときどき、JSL児童の特徴的誤用が見られるが、それも比較的まれなものである。

・日本語で「書く」力はなくても、第一言語を使う家庭・地域社会などでは、子どもの年齢に応じた範囲で、第一言語を書くことができる。ただし、個人差がある。(レベル1～4) ／日本語で「書く」力は弱くても、第一言語を使う家庭・地域社会などでは、子どもの年齢に応じた範囲で、第一言語を書くことができる。ただし、個人差がある。(レベル5) ／日本語の発達により、第一言語や第一言語の概念や考え方にあまり頼らなくなる。しかし、第一言語を書くことができ、日本語で書くことについて、第一言語や第一言語を通じて得た社会知識を役立てる場合がある。ただし、個人差がある。(レベル6、7)

子どもの名前＿＿＿＿＿＿＿　記入日＿＿／＿＿／＿＿　記入者名＿＿＿＿＿＿＿

小学校　　中高学年　　　書く　　　レベル3	
このレベルの主な特徴	短い文を日本語で書き始めるレベル
子どもの様子・ことばのやりとり	1.　よく知っている話題について、適切な補助があれば、短い文を書くことができる。 2.　子どもの「話し言葉」に見られる誤用を反映した文を書く。 3.　単文を書くことができる。ただし、使える接続詞は限られており、複文はまだ作れない。 4.　知っている漢字を使うことができるが、その数は限られている。 5.　在籍クラスで行われる、書くタスクをこなすのは困難である。 6.　自分が表現したいことを日本語で書けない場合に、第一言語を使用することが勧められれば、第一言語で書く場合もある。 7.　第一言語で経験したことをもとに、日本語で書くことを理解しようとする。 8.　日本語で「書く」力はなくても、第一言語を使う家庭・地域社会などでは、子どもの年齢に応じた範囲で、第一言語を書くことができる。ただし、個人差がある。

解説③「短い文を書き始める」
　レベル3とは、子どもが自分の名前や好きなもの、得意なもの、自分の家族やペットなどの話題で、簡単なやりとりができるレベルです。
　　　　　　　　　　　　　　　→小学校中学年「聞く」「話す」レベル3を参照
　教師の補助により、日本語で短い文を書く練習を重ねる段階ですから、書く文は、単文が多く、接続詞を使った複文はあまり作成できません。しかし、第一言語では複雑な文を読んだり書いたりできる力を持っている子どもも多く、言いたいことはたくさんあると考えましょう。

図3　JSLバンドスケール小学校中高学年「書く」レベル3　　川上郁雄著　2020年明石書店

1
「よく知っている話題」とは、「自分自身のことや家族のこと、日常のこと」など。
「適切な補助」とは、テクストの構成やモデル文や、言語面の補助など。また、「短い文」
とは、日記、手紙、簡単な説明文、出来事作文など。

2、3、4の例：このレベルの子どもの作文
「お楽しみ会」後に書いた4年生の作文
伝言ゲームをしました。伝言ゲームは、前の人がどんどん伝言をしてさいごの人に
伝えるっていうゲームです。いっぱいチームがいるの早いチームが三チームでえら
ばれます。ぼくのチームは、ちょっとおそかったので一回えらばれていませんでし
た。ぼくのだけちゃなくてほかのチームもぼくのチームと同じもありました。ゲー
ムがおわって、次は、クイズをしました。
5年生の作文
お父さんは、○○に住んでいます。前は△△にすんでいました。今は××にすんで
います。わたしは、スポーツが好きです。バドミントン、テニス、ピアノ、たっき
ゅう。わたしは音楽も好きです。とくに、ピアノです。とくに好きな野さいは、に
んじんやきゅうりです。きゅうりはみそをつけて食べます。

━━ 指導上のポイント ━━

　上の5年生の作文では、この後に、この子は教師に尋ねながら、「に
んじんは小さく切って、レーズンを入れたサラダがすきです」と綴
りました。中高学年の子どもは、頭の中に言いたいことがたくさん
あり、より複雑な文も書きたいという気持ちもあります。言いたい
ことが日本語の文になる体験は、子どもに達成感を与え、学習動機
を高めます。丁寧な指導を心がけたいものです。

2-3. 外国人児童生徒のための JSL 対話型アセスメント DLA 〈文部科学省、2014〉

　文部科学省が2014年に開発したDLA（Dialogic Language Assessment for Japanese as a Second Language、以下DLAとする）は、子どもの生活言語能力（BICS）と学習言語能力（CALP）を1対1の対話を通して測るアセスメントツールです。日常会話がある程度できる小・中学生段階のCLD児を対象に、一番早く伸びる会話力を使って、紙筆テストでは測ることが難しい子どもの包括的な言語能力を測定します。DLAの目的は、子どもの持つ言語の知識や運用能力を点数化、序列化することではありません。その言語をつかって何ができるのか、また「一人でできること」だけではなく、「支援を得てできること」を対話を通じて観察し、そこで得られた情報をその後の学習の指導や支援に役立てることを目的としています。

　DLAは、＜はじめの一歩＞と、＜話す＞＜読む＞＜書く＞＜聴く＞の4つの技能別タスク（課題）から構成されています。＜はじめの一歩＞は、あいさつや名前、学年などの子ども自身に関する質問の導入と、55問の基礎語彙絵カードの「語彙力チェック」からなります。

　＜話す＞では、「基礎タスク」「対話タスク」「認知タスク」の3つからなります。「基礎タスク」では、子どもの日常的な場面で必要となる基礎的な

図4　外国人児童生徒のための JSL 対話型アセスメント DLA　文部科学省初等中等教育局国際教育課　2014

文型や語彙の習得状況をみます。「対話タスク」は、状況や必要に応じて子ども自らが話し、会話をリードする力をみます。「認知タスク」では、教科と関連した内容について低頻度語彙や教科語彙を使いながら、まとまりのある話しができるかどうかをみます。

　＜読む＞では、読解力、音読行動、読書行動、読書傾向からなる語彙力を、1冊の短いテキストを含む過程を通して測ります。用意された7冊のテキストから子どものレベルに合ったものを選んで、読み聞かせや音読、黙読をしながら、一緒に最後まで読み切り、内容の口頭再生や理解を深めるやりとり、さらには読書習慣についてやりとりを行います。普段の読書活動のように、子どもが楽しんで本に親しめるように設計されています。

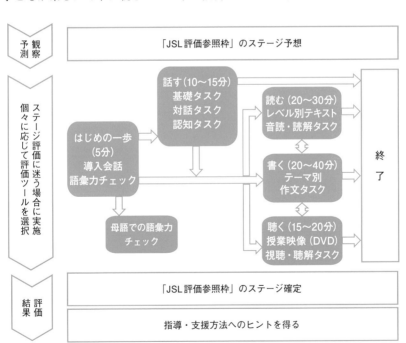

図5　DLAの構成（櫻井、2022より引用、改変）

　＜書く＞では、8 つのレベル別のテーマから 1 つ選んで作文を書く過程を通して、まとまった文章を書く力を測ります。普通の作文テストと異なる点は、検査者との対話を通して考えを深めたり、書く意欲が高まるように支援することです。

　＜聴く＞では、教室活動や授業での話を聞いて理解し、その内容を整理し活用する力を測ります。DVD で用意された 8 つの教室談話のうち、子どものレベルに応じて一つ視聴し、内容に関するやり取りを通して子どもの授業参加の実態を把握します。

　1 回のアセスメントの所要時間は、子どもの集中力を考慮すると長くても 50 分以内がよいでしょう。1 回の検査ですべての技能の検査を行うのではなく、むしろ子どもの実態に応じて見るべき技能だけを実施することが奨励されています（櫻井、2022）。

■ DLA の「JSL 参照枠」とは

　「JSL 参照枠」は、「JSL 参照枠＜全体＞」と「JSL 参照枠＜技能別＞」があり、6 段階のステージ毎に記述分が示されています。＜全体＞では、6 つのレベ

表4　JSL評価参照枠＜全体＞

ステージ	学齢期の子どもの在籍学級参加との関係	支援の段階
6	教科内容と関連したトピックについて理解し、積極的に授業に参加できる	支援付き自律学習段階
5	教科内容と関連したトピックについて理解し、授業にある程度の支援を得て参加できる	
4	日常的なトピックについて理解し、学級活動にある程度参加できる	個別学習支援段階
3	支援を得て、日常的なトピックについて理解し、学級活動にも部分的にある程度参加できる	
2	支援を得て、学校生活に必要な日本語の習得が進む	初期支援段階
1	学校生活に必要な日本語の習得がはじまる	

文部科学省、外国人児童生徒のための JSL 対話型アセスメント DLA　2014

ルの日本語能力の概要が示されています。

■ DLA を活用した評価の例

　次の発話例（図7）は、滞在期間6か月の9歳（4年生）中国ルーツの児童に DLA を実施した際の「環境問題」タスクの発話の一部です(図6も参照)。読者は、このやりとりからどのようなことに気づくでしょ

図6　DLA(話す)「環境問題」タスクで用いるイラスト

うか。この児童は、車の使用をやめて自転車にすれば、環境問題を引き起こす排気ガスの排出が少なくなることを、自分の意見として伝えているのです(櫻井、2022)。このように、日常会話の流暢さを意味する BICS の表層的な力だけではなく、教科学習に必要な概念や考えを話し言葉と書き言葉の両方で理解し、表現する力である CALP に関わる深層面の力も観察することができ、その後の支援の参考になります。

> T（テスター）　A（児童）
> T:じゃあね、Aちゃんは、地球困ってる、泣いてるね、どうする？
> A：うーん、みんなにー、きをつけてから、自転車あるでしょ？えっとー、車にー、
> ちょっとーうーん、自転車の方がー、やるの方が、いいと思う。
> T:あー、そっかそっか。
> A:中国はー、テレビのやったー、うーん、100人、100個、自動車、黒いのやつにー、100キロ。
> T:ほーそう。
> A:で、100人、1個バス、1個バス、あるのほうが、10キロ。
> T:すごーい、先生、よくわかった。かしこいなー、Aちゃんはびっくり。
> A:で、100人、100個、自転車。
> T：はいはいはい。
> A:ゼロ

図7　滞在6か月、9歳、中国ルーツ児童A
　　DLA(話す)「環境問題」タスクの発話の一部（櫻井、2022より引用）

2-4. その他の言語テスト

　日本語を母語とした児童生徒向けのものになりますが、言語発達をみるための検査を紹介します。

　①PVT-R絵画語い発達検査

　3歳から12歳3か月までの基本的な語彙の理解力の発達度を短時間で測定する検査です。ことばのおくれや知的発達、LD（学習障害）などの特別支援教育を必要とする子どもの早期発見と指導に役立ちます。子どもの発達をみるための心理検査の基本バッテリーの一つとして、また導入的な検査としても適しています。

　https://www.nichibun.co.jp/seek/kensa/pvt_r.html

　②ことばのテストえほん

　幼児から小学校低学年の子どもの話し言葉の遅れをできるだけ早期に発見し、適切な指導を行うためのスクリーニング検査です。3分から5分で簡便に実施できます。

　https://www.nichibun.co.jp/seek/kensa/kotoba_test.html

【3. DLAを利用した学習目標例】

　表5には、「話す・読む・書く・聴く」の各技能の観点別の「学習目標項目例」が書かれています。DLAを実施することが理想ですが、それが難しい場合、対象のCLD児が4技能それぞれについて、今何が達成できていて、何ができていないかを学習目標項目例から確認することができます。教員間の情報共有や、保護者へCLD児の日本語の力を伝える際にも利用できるでしょう。

　また、個別の支援計画で「学習目標」を設定する際にも、例えば「指導対象の児童の書く力はJSL評価参照枠のステージ1の段階なので、来学期はステージ2のa, bを学習目標とする」というように日本語の力に応じて考えることができます。

表5　外国にルーツをもつ子どもたちの学習目標例

（愛知教育大学外国人児童生徒支援リソースルーム）

JSL評価参照枠のステージ	指導の段階	「個別の指導計画」のための学習目標項目例	○他技能との関係　●指導のヒント
話す			
1	初期指導（前期）	a 周囲で話されている日本語に関心を持ち，積極的に使おうとする。 b 毎日使う自分の持ち物や，教室にあるものの名前を言う。 c 支援を得て，簡単な自己紹介をする。（例：名前や学年など） d 周りの人が言う簡単なあいさつや短い単語，定型表現を真似して繰り返す。（例：「ありがとう」「おはよう」「書いて」など） e 周りの様子を見て，行動を真似ながら，それに伴う語句を言う。（例：「起立，礼」） f 自分に関する基本的な質問に対して，単語レベル（「はい（うん）」／「いいえ（ううん）」）や身振り手振りで答える。 g ジェスチャーや表情や簡単な単語を使って，学校生活に必要な最低限の意思疎通を行う。（例：「だめ」「トイレ」「ごはん」など）	○母語を使うことができない環境に置かれているため，非言語的なコミュニケーションの方法で，注意を引いたり，何かを要求したりする。また周囲を観察したり，行動を試したりしながら，学校生活や日本語に関する情報を集めている段階である。 ○「聞く」力を土台にして「話す」力が育つ。（聞いてわからないことは，話せない。） ○「話す」力の習得には個人差があり，話し出す前に長い「沈黙期」を必要とする場合もある。 ●発話を強要せずに，自分から発話するまでじっくり待つ。
2	初期指導（後期）	a 自分自身のことについて，簡単な質問を理解し単語レベルで話す。（例：年齢，家族の人数や構成，出身国など） b 毎日の生活に関することを頻度の高い単語や定型表現を使って話す。 c 体調を訴えたり，許可をもらったり，簡単な質問をしたりする。（例：「おなか，痛い」「ノート，わすれた」） d 日常生活でよく使われる語彙や表現を使って話す。	●まだ流暢度を欠き，活用が不正確であったり，語順が乱れたりするが，楽しく対話に参加できるような配慮をする。 ●日本語の摂取量が多くなるように座席の指定や仲間作りに配慮する。
3	教科につながる初歩的な学習	a 聞きなれた言葉を組み合わせて，自分自身のことや身近な出来事について，主に単文を使って話す。（例：好き嫌い，毎日の習慣，昨日あったことなど） b 日常の内容についての質問に，簡単な言葉で自分の感想や考えを言う。 c 学校生活や学習場面で必要となる要求表現等を，簡単な日本語で伝える。 d 学校生活で必要となる場面で，質問をする。 e 自ら，一対一の会話に参加する。	●まだ文法的な間違いが多く，語彙も多くないが，子どもの発言の主旨を汲み，やりとりの中で表現したい内容を引き出し，不足している語彙や表現を補充し，いいモデルを示す。 ●単語レベルで答えられる質問から，文レベルの答えが必要な質問へと変えていく。
4	教科につながる基礎的な学習	a 連文（2，3文）を使って，日常の出来事（過去の経験を含む）や学習のことについて，意味の通じる話をする。 b 自分から質問したり，説明したりして，教科学習にある程度参加する。 c 教科と関連のあるテーマで，自分の意思や相手に伝えるべき内容を，簡単な日本語で発表する。 d 授業の中でグループ学習に参加する。	○日常的な会話が流暢にこなせるようになる。 ●朝の会での短いスピーチなど，日本語使用の機会を増やす。 ●普段あまり聞かない教科と関連した語彙や表現はまだ使えないので，その点に留意した指導が必要である。 ●取り出し指導で学んだことが，在籍学級の学習の場で活かせるような教員間の情報共有が大切である。
5	教科につながる学習	a さまざまなトピックの会話に積極的に参加する。 b 学習内容について，複文を使いながら，順序立てて話す。 c （多くはないが）教科学習の語彙を使って，まとまった説明や発表をする。 d 教科学習におけるグループでの話し合いに参加し，発言をする。 e （間違いはあるが）丁寧表現や敬語を使った会話に参加する。（小学校高学年以上の場合）	○教科と関係のあるトピックでも流暢に話せるようになる。 ●教科学習に必要な語彙や表現を使って話す機会を増やすとよい。 ●日本語スピーチコンテストなど，大勢の人の前で話したり，発表したりする経験も有効である。
6	教科学習	a 年齢相応の教科用語を使って，一人でまとまった話をする。 b 教科内容に関連した話し合いに積極的に参加する。 c 相手や場面・目的に応じて，効果的な表現方法を用いて話す。（例：教科学習のプレゼンテーション，ディベートなど） d クラス全員に対して，学習内容について，教科用語を使い筋道を立てて詳しく説明したり，発表したりする。 e 丁寧表現や敬語を使った会話に参加する。（小学校高学年以上の場合）	○複数の聴者に対して適切な話し方ができる。 ●異なった文化的背景から来る子どもの視点や意見を引き出すように指導するとよい。

\multicolumn{2}{c}{読　む（文字・表記＋読み・読解力）}		
JSL評価参照枠のステージ	指導の段階	「個別の指導計画」のための学習目標項目例	○他技能との関係　●指導のヒント
1	初期指導（前期）	a 日本語で書かれた自分の名前や普段よく使う単語を識別する。 b 文字と音とが対応することを理解する。（例：仮名名の「あ」を見て /a/ と発音する。）（小学校低学年の場合） c 平仮名をいくつか読む。 d よく耳にする馴染みのある短い平仮名の語を読む。 e 視覚的な支援のある絵本や紙芝居などの読み聞かせを楽しむ。	○「聞く」力の方が「読む」力よりも強い。 ●学校図書館の利用方法について教え、日本語が読めなくとも楽しむことのできる図書を紹介する。 ●文字や簡単な単語が母語で読めない場合は、日本語の文字の習得にも時間がかかると考え、指導計画を作成する。
2	初期指導（後期）	a 特殊音節（長音、拗音、撥音、促音）を含む平仮名の単語を読む。 b 分かち書きで書かれた短い文を音読する。 c 句点や読点について理解する。 d 助詞の「は」「へ」を文中で正しく読む。 e 縦書き・横書き、一字下げ、句読点など、表記法のルールを理解する。 f 片仮名をいくつか読む。 g 片仮名で書く語彙の種類を理解する。 h 特殊音節（長音、拗音、撥音、促音）を含む片仮名の語彙を読む。 i 小学校1年で学習する漢字をいくつか読む。（象形文字や指示文字） j 絵などの支援を得て、日常生活でよく使われる語彙で書かれた短文を読んで理解する。 k 絵などの支援を得て、片仮名や小学校1、2年の学習漢字が混じった文を読んで大意を理解する。	○漢字の読みと書きについては、書きの方が習得に時間がかかる。しかし、漢字圏出身の子どもは、書きの方が早い場合も多い。 ○「読む」や母語の語学の学習体験によって習得の度合いが異なる。特に小学校低学年の場合は、2i, 2j, 2kに、より時間がかかる。 ●漢字は学年より下でも、内容は年齢相応の話題を選ぶ。 ●母語と共通の数字や記号（＋－×÷＝など）を組み合わせて、数の読み方を練習させながら、基本的な計算力のチェックができる。また、それにより、日本語の学習だけでなく文章題が扱えない間、計算問題で既習学力の維持を図ることもできる。
3	教科につながる初歩的な学習	a 文節や意味のまとまりで区切って読む。 b 日常生活でよく使われる語彙（教科名、曜日、標識など）を読んで意味が分かる。 c 学年より下の学習漢字が混じった短文を読んで大意を理解する。 d 絵ややりとりなどの助けを得て、学年より下のレベルの親しみのある内容のテキストを読んで理解する。 e 未習の語彙を推測によって読む。 f 単語の並び順や見出し語（活用のないことば）を理解して、辞書（日本語から母語）を使う。（小学校中学年以上、母語で読む力がある場合）	●幼児期に本に親しむ経験のない子どもには、読み聞かせをするとよい。 ●小1, 2程度の漢字学習が終了したら、あとは学年別漢字配当にこだわらず、現在学習している教科で頻出している漢字を学ばせるようにする。（特に、算数・数学は頻繁に使われる漢字がある。） ●沢山の本や文章を読む機会を作り、読書量を増やし、読書習慣をつける。
4	教科につながる基礎的な学習	a 教科用語の入った短い文章を読んで、大意を理解する。 b 漢字の基本的構成（部首、音訓、筆順、送り仮名など）を理解する。 c 支援を得て、物語文を読み、登場人物や場面について理解する。 d 支援を得て、説明文を読み、時間的な順序や事柄の順序などについて理解する。 e 段落の意味を理解して、その内容を大体読み取る。 f 読むことを通して新しい知識・アイディア・感情・態度などを学ぶ。	○「読む」力が「聴く」力に近付いていく。 ●高学年や母語の読みの力の高い児童では音読よりも黙読を好む子どもが現れる。 ●いろいろな種類の本や文章に親しむ機会を作り、読書の幅を広げる。
5	教科につながる学習	a 教科特有の語彙の入った文章を読んで、大意を理解する。 b 複数の段落のある文章の大意を理解する。 c 手紙文、観察文、報告文、説明文など、いろいろな種類の文章を読み、大意を理解する。 d 本や文章を読み、疑問点を質問したり、考えたことを発表したりして、内容の理解を深める。 e 本や文章から、重要な点を抜き出したり、感想文を書いたりして、内容の理解を深める。 f 未習の語彙、漢字、複雑な文構成の文の意味を推察する。 g 漢語・漢熟語が入った文章を読んで大意を理解する。（小学校高学年以上の場合）	○高学年では黙読の方が音読よりも速くなる。 ○母国で学習経験のある漢字圏出身の中学年以上の児童生徒は、さらに早い時期から漢語や漢熟語が入った文章を好む。 ●自分の学習をコントロールし、自律的に学習を進めていけるような支援を行う。 ●話し言葉と書き言葉の違いがはっきり認識できるように指導する。
6	教科学習	a 語彙表や辞書などの助けを得て、学年相応の教科書を読んで大意を理解する。（小学校中学年以上の場合） b 手紙文、観察文、報告文、説明文など、いろいろな種類の文章を読み、分野やジャンルによる構成や表現の違いを理解する。（小学校中学年以上の場合） c 未習の語彙、漢字、文構成があっても読みの流れを止めずに大意を理解する。 d 文章全体の大意を把握し、自分なりの意見や感想を持つ。	●自分の考えを形成する読み方を指導する。（感想や批評を述べたり、情報を比較するなど。小学校高学年以上）

		書く（文字・表記＋作文力）		
JSL評価参照枠のステージ	指導の段階	「個別の指導計画」のための学習目標項目例		○他技能との関係 ●指導のヒント
1	初期指導（前期）	a 筆記道具の持ち方や姿勢に注意して書く。（小学校低学年の場合）		○書きたいことを絵や文字で示そうとする。（特に小学校低学年の場合） ●「話す」力の方が，「書く」力よりずっと強いので，絵で示したことを話す機会をつくるとよい。 ●母語で読み書きの指導を受けておらず，自分の名前も簡単な単語も書けない場合は，日本語の文字の習得にも，より時間がかかると考えて，指導計画を作成する。
		b 自ら経験したことを絵や単語（日本語か母語）で示す。		
		c 大きなマス目の中に文字を書く。（小学校低学年の場合）		
		d 文字と音とが対応することを理解する。（例：/a/ と発音して平仮名の「あ」を書く）（小学校低学年の場合）		
		e 自分の名前や普段よく使う単語を書く。		
		f いくつかの平仮名や，馴染みのある短い平仮名の語を書く。		
2	初期指導（後期）	a いくつかの片仮名や，馴染みのある片仮名の語を書く。		○話し言葉をそのまま文字にしようとする。 ●多少地域特有の言い回しが混じっても，容認する。 ●生活日記などを通して，「です・ます」の文章に慣れさせる。
		b 平仮名や片仮名で，特殊音節（長音，拗音，撥音，促音）を含む単語を書く。		
		c 小学校1年で学習する漢字をいくつか書く。（象形文字や指示文字）		
		d 助詞の「は」，「へ」及び「を」を正しく書く。		
		e 平仮名や片仮名と基礎的な漢字を使い分けて文を書く。		
		f 毎日の生活に関する事柄について，頻度の高い単語や定型表現，基本文型などを使って，連文（2, 3文）を書く。（例：3～5行程度の生活日記など）		
		g 自分と関係のあるテーマについて，日常よく使われる語彙や慣れ親しんでいる表現を使って，短い文を書く。		
3	教科につながる初歩的な学習	a 日常使う漢字表記の語彙（教科名，曜日，標識など）を書く。		●課題作文は，書く範囲を限定し，テーマを具体的に指示すると書きやすい。 ●文法的な誤用の多い時期であるが，間違いを通して，正確な文構成に気付くように支援する。 ●小1, 2程度の漢字学習が終了したら，板書は学年相応の漢字で書き，未習漢字に振り仮名をつけ，ノートに視写するように指導する。
		b 年齢より下のレベルの漢字を書き順や送り仮名などに注意して書く。		
		c 教師が示すモデルにそって，平仮名，片仮名，漢字を使い分けて文章を書く。		
		d 学校の行事などや経験した事柄について，順序に沿って簡単な構成の文章を書く。		
		e 観察したことを記録する簡単な文章を書く。		
		f 物語の好きな場面について，簡単な感想を書く。		
		g 段落に分けて文章を書く。		
		h 支援を得て，書こうとすることの中心を明確にして作文を書く。		
		i 句読点，一字下げ，カギ括弧など，表記上のルールに留意して文を書く。		
		j 原稿用紙を正しく使って文を書く。		
		k 書いた文を読み返し，教師やクラスメイトの支援を得て，文字や語句の誤りを直す。		
4	教科につながる基礎的な学習	a 基本的構成（部首・音訓・筆順・送り仮名など）を理解して，学年よりやや低いレベルの漢字を使って書く。		○「です・ます」体で統一された文章が書けるようになる。 ●読書の幅を広げ，いろいろな種類の文章に親しむ機会を作る。 ●母語で作文やレポートを書いた経験がある児童生徒は，日本語で作文を書く時も文の構成等を理解しやすい。
		b 興味のある課題に対して，日常語彙を使って作文を書く。		
		c 書き言葉や教科用語を使って文章を書く。		
		d 会話文，書き出しやしめくくり，簡単な喩えなど表現の工夫をしながら書く。		
		e 誤用はあるが，テーマにそった内容の文を書いて，意味の通じる文章を書く。		
		f 意味のまとまりのある段落に分けて文章を書く。		
		g 書いた文章を読み返し，自分で間違いなどに気付き，ある程度推敲をする。（小学校中・高学年以上の場合）		
5	教科につながる学習	a 参考資料や辞書を使い，資料を収集して文章を書く。		○「話し言葉」と「書き言葉」では，語彙や表現，文体（例：「です・ます」体，「だ・である」体など）などが異なることに気付く。 ○「書く」力は，年齢や母語の学習体験によって習得度が異なる。5a～5gは小学校中・高学年以上を想定している。 ●場面や目的に応じて，語彙や表現，文体を使い分けることを指導する。 ●書き言葉的な表現を積極的に使うように指導する。
		b 内容に見合った語彙や表現や文体を使って作文を書く。		
		c 話し言葉と書き言葉の違いを意識して，学年相応に近い漢字や漢熟語を使って作文を書く。		
		d 敬体と常体の違いに留意して，統一のとれた文体で文章を書く。		
		e 内容を複段落にまとめ，段落間のつながりに留意して書く。（例：接続表現）		
		f 複雑な文構成（例：従属節など）を含む文章を書く。		
		g 書いた文章を読み返し，読み手の立場に立って推敲する。		
6	教科学習	a 内容に見合った長さの作文を書く。		○作文を書く前の準備と書いた後の推敲をするようになる。 ●テーマに適した漢語・漢熟語の使用や日本語特有の文末表現（例：断定せず，問いかけで終わるなど）を使うように指導する。
		b 内容が豊かで，全体の構成を考えた複段落の作文を書く。		
		c テーマに見合った適切な語彙や学年相応の漢字を使って書く。		
		d 表記上，文法上，正確度の高い文章を書く。		
		e 書く前に，参考資料や辞書を使ったりして，考えをまとめてから書く。（小学校中学年以上）		
		f 目的や読み手に合わせて，手紙文，観察文，報告文，意見文など，分野やジャンルによる構成や表現の違いに留意して文章を書く。（小学校高学年以上）		
		g 書いた文章を読み返し，文章全体を意識して推敲をする。（小学校高学年以上）		

聴　く				
JSL評価参照枠のステージ	指導の段階		「個別の指導計画」のための学習目標項目例	○他技能との関係 ●指導のヒント
1	初期指導〈前期〉	a	周囲で話されている日本語に関心を持ち、聴いて理解しようとする。	○「聴く」力が「話す」ことの基礎になる(つまり、聴いて理解できないことは話せない)。 ●聴いたことを口頭ですぐに言うことを強制せず、子どもが自発的に発話するまで待つことが大切である。
		b	簡単な挨拶や日常よく使われる定型表現を聴いて、繰り返す。(例:「おはよう」、「ありがとう」、「またあとで」)	
		c	健康や安全に関する簡単な指示を聴いて、理解する。(例:「手を洗って」「あぶない」)	
		d	周囲の仲間やクラスメイトの簡単な日本語の語りかけを状況で判断し、関係づくりに加わろうとする。	
2	初期指導〈後期〉	a	日常生活でよく使われる語彙・表現を聴いて理解する。	●やりとりの中で、子どもの単語レベルの発話を、文レベルにして返すとよい。
		b	自分自身のことについての簡単な質問を大体理解し、やりとりに参加する。(例:年齢、好きなもの、家族の人数や構成、出身国など)	
		c	学校での日課に関する指示を聴いて、適切に従う。	
		d	新しく耳にする語彙や語句を聴いて、繰り返す。	
		e	学校生活に関係のある連文(2、3文)の簡単な指示や質問を、ゆっくりとした速さで繰り返し聞き、その内容を推察する。	
		f	実物や絵、身振りなどの支援を得て、ゆっくりとした速度の平易な言葉を使った1対1の会話を理解する。	
3	教科につながる初歩的な学習	a	身近な内容について、連文の短い話を聴いて、大意を理解する。	○学年が上がるにつれて、在籍学級で使われる教科特有の語彙や表現の理解が難しくなる。 ●教科につながる学習段階の具体的な支援については、『学校教育におけるJSLカリキュラム中学校編』の各教科の「Ⅱ.日本語支援の考え方とその方法」に「支援の具体例」(p.13~18)が掲載されているので、参考にしていただきたい。
		b	体育、音楽などの実技系の授業で、教師の話を理解し、簡単な指示に従う。	
		c	実物や絵、身振りなどの支援を得て、普通の速さの教師の話(例:「運動会のお知らせ」など)を聴いて大体理解する。	
4	教科につながる基礎的な学習	a	身近な内容のまとまりのある話を聴いて、大意を理解する。	
		b	授業のテーマに関連した内容について、平易な言葉で説明を聴いて、大体理解する。	
		c	授業のテーマに関連した教科用語や表現を聴いて、一部理解する。	
		d	自分の分からないことを聴き直したり尋ねたりする。	
		e	グループでの話し合いに参加し、大意を理解する。	
5	教科につながる学習	a	教科学習の内容に関心を持ち、集中して聴く。	●聴いて分かる教科用語や表現を板書や視写などを通して、漢語・漢熟語力につなげる。
		b	教科学習で、教師が説明する内容の大筋と流れをある程度理解する。	
		c	授業のテーマに関連した語彙や表現を聴いてある程度理解する。(小学校中・高学年以上)	
		d	教科学習で、グループや学級全体の話し合いや発表を聴いて、大意を理解する。	
		e	丁寧な表現を使った文を聴いて、その意味を大体理解する。	
6	教科学習	a	通常のスピードで進む教科学習の中で、教師が説明する内容の大筋を理解する。	●教科用語をただ聴いて分かるだけでなく、自分でも使える語彙にするために、話の内容を再話させる機会を与えるとよい。
		b	教科学習で、学級全体の話し合いや発表に積極的に参加する。	
		c	授業のテーマに関連した抽象的な語彙や表現を聴いて理解する。(小学校高学年以上)	
		d	丁寧な表現も含め、様々なスタイルの文章を聴いて理解する。(小学校高学年以上)	

第5章　学校での発達のアセスメント

　CLD児は第二言語としての日本語の習得の課題があることから、単一言語で育った子ども（このガイドブックでは日本人児童生徒とします）の言語環境と同様に考えて実施することは適切ではありません（島田、2023：松田・中川、2017）。

　しかしながら一方で、発達のおくれや特性のあるCLD児や、障害をもつCLD児が存在することも事実のため、CLD児の理解と支援のためにも発達のアセスメントは重要です。

　CLD児が何につまずいているか、何が得意なのかを理解する方法は、発達検査以外にも実にさまざまな種類や方法があります。そこで本章では、標準化された発達検査を検討する前に、教師が学校でできる発達のアセスメント（実態把握）について考えます。

【1. 学校で発達のアセスメントを行う意味と目的】

　学校での発達のアセスメントを行う目的や効果は何でしょうか。1つは、CLD児の学習面や行動面、社会性等、多面的にCLD児の実態を把握し、困難や特性を捉えることができる点です。もう1つは、支援の必要性に早期に気づき、必要な支援を提供できるので、子どもは安心して学校生活をおくることができる点です。兆しがある段階から支援することで、学習面や行動面の問題が顕著になることを未然に防ぐ（予防的である）と考えられます。

　さらに、二次的な行動（自尊心の低下、不登校、いじめなど）の深刻化、複雑化を防ぐためにも有効です。

【2. 発達のアセスメントの心得】

2-1. 関わりながら観察する　―「気づき」の大切さ―

　通常の学級に在籍するCLD児の学習状況や生活面、行動面をもっともよく把握しているのは学級担任だと思います。中学校や高校では、教科担任制となりますが、教科ごとの学習状況を学年で共有したり、保健室や生徒指導部、部活動での様子などの情報共有をして総合的に把握することが大切です。

　得られた情報は、学年や教科担任、日本語指導担当教員、特別支援コーディネーター、スクールカウンセラー等、チームで共有し分析する「チームアセスメント」が効果的です。学年会で検討時間を設けるなどの体制をルール化するとよいでしょう。記録は簡潔にメモし、日々の業務の負担にならないようにしましょう。

　簡便で使いやすいチェックリストやアセスメントシート（付録に収録）を校内研修会などで共有しておくとよいでしょう。

2-2. 保護者と生徒への聞き取り

　保護者には、成育歴について詳しく尋ねます。特に、①学力のつまずきに成育環境や教育環境が関わっているかどうか、②育ちの経過から一貫して示される認知・行動の特性があるかどうかをききとり、それが学習や人間関係のつまずきの背景要因となっているかどうかを推定します。

　CLD児の発達障害がうたがわれる場合は、第4章で示したような基本的な情報把握（『外国人児童生徒受入れの手引　改訂版』）を念頭に、家庭の学習環境（家庭内の使用言語、保護者の言語能力、教科学習へのサポートの可能性など）を改めて詳しく聞きとりましょう。その際には、CLD児の家庭では、標準的な行動、子育て課題の優先順位、基本的な生活習慣を習得する

時期や考え方が異なることがあるため、配慮や注意が必要です。

　また可能であれば、CLD児本人からも話を聞くとよいでしょう。日本語の学習はどうか、日本語のどのようなことが難しいか（読む、書く、聞く、話す、漢字、等）、どんな希望があるか、などは重要な情報になります。

　前年度担当者からの引継ぎ情報も収集するとよいでしょう。それによって、子どもの学習スタイルがわかり、どの支援を継続し、どの支援を調整した方がよいかを検討することができます。

2-3. 学習面と生活面の観察

　教師や支援者は、就学後の早期から集団適応の様子だけではなく、読み書きの初期指導や学習の状態をよく観察して、どこでつまずくのか、どのような理解が難しいのかなど、具体的な学習場面に即して個々の状況を把握しましょう。

　また、教師や支援者が知っておきたいこととして、CLD児の母国の文化や考え方、振るまい、行動様式があります。CLD児にとってジェスチャーやしぐさによる表現が、日本とは異なる意味をもつことがありますし、中にはタブーになっているものもあります。例えば、身体接触に対する感じ方は宗教や文化によって異なり、イスラム教では、頭をなでることは侮辱することにつながるとされています（齋藤ら、2011）。このように、文化の中で育つ子どもという視点から子どもを観察することが大切です。

　観察のポイントは、以下のような点です。学習面については、着席の姿勢や集中度、ノートや板書の書字、教科書の音読（流暢性、読み速度）、授業を「聞く」集中力、発表・発言などの話す力、グループ学習での協力、運動能力、身体の巧緻性、理解力や学習量に比べた学力達成度、宿題にかかる時間、等をみていきます。

　生活面については、友達とのコミュニケーション、遊び場面での参加、意思疎通、場面の切り替え時の様子、ルール理解、忘れ物・落とし物、部活動

表1　学習面・生活面の観察の例

姿勢・運動	姿勢の正しさや保ち方、身体の動きの多さ、道具（筆記具、楽器、はさみなど）の扱い方、体育での身のこなしや運動技術
身だしなみ	衣類や上履きの状態、洋服の着方、上履きのはき方、整髪、名札のつけ方
持ち物の管理	ロッカーや机の中の荷物の状態、机の上の物の状態、持ってくるものや提出物の管理
ことばの理解	指示への注目、指示の理解、わからないときの対処
意欲・積極性	自発的な取り組みの程度
集中	注意の向け方、持続の程度
教員との関係	教員からの働きかけのタイミングとそれに対する本人の反応、本人から教員への働きかけの内容やタイミング
友達との関係	友達の言動に対する反応の内容と適切さ、本人の言動に対する友達の反応の内容、班やチームでのやりとりや協力の様子

一般財団法人特別支援教育士資格認定協会（2023）より引用、改変

　の参加の様子等を観察します。教室場面を観察する場合には、そのCLD児だけではなく、教員や他の子どもとのやりとり（相互作用）もみてみましょう。

　また、学習面、生活面いずれの場合であっても、教員や支援者がその時、その場で感じたり考えたりしたことは、CLD児の心理を理解する上で手がかりになることがあります（植木田、2016）。できればメモや記録をとり、学年会やケース会議で話し合ってみましょう。

　教室の物理的側面（位置、広さ、掲示物など）の環境も重要です。CLD児の学習スタイルを考えたり、教室環境の改善（合理的配慮やユニバーサルデザインの観点から）を行う必要がある場合に利用できる情報となります。

2-4. 作品や成果物の分析

　子どものノートやプリント、絵などからも多くの情報が得られます。表2に示したような観点から作品や成果物を見ていくと、つまずきの背景や要因、

表2　作品や成果物の分析の観点

文字	字の大きさやバランス、線の滑らかさ、形の正確さ、表記の正確さ、消し方
作文	長さ・量、内容（テーマ、文法、展開、語彙や表現）、紙の扱い方（貼り方、折り方）
絵、作品	テーマ、形の取り方、構成、作業の正確さや丁寧さ、色彩

一般財団法人特別支援教育士資格認定協会（2023）より引用、改変

認知能力の特性がみえてくることがあります。例えば、文字の大きさやバランスが悪く、絵の構成も拙く、色の塗り方が雑なCLD児の場合、運動の不器用さや視覚認知・構成の弱さがうたがわれます。詩歌や作文などの作品を検討する場合は、CLD児の日本語能力を考慮し、日本語講師の意見や本や資料の情報を参考にしましょう。

【3. チェックリストを使用した子どもの実態把握 　　　―学校生活チェックリスト（年長児、小学校、中学・高校）―】

　表3のチェックリストは、教師や支援者が、気がかりに感じるCLD児に対して、回答します。教師や支援者は、授業中だけではなく、休み時間や下校時など、CLD児の学校生活をとおして様子をよく観察しましょう。もちろん、その他に気になることや特徴的なエピソード、観察者が思ったことや感じたことがあれば、それも大切な情報なので、余白にメモとして書いておきましょう。実施手順は、質問項目ごとに○、△、無記入の3段階で回答します。○や△が多く付いた領域（AからG）はなんらかの支援が必要と考えられるでしょう。

表3　学校生活チェックリスト（小学校編）

学年・組		氏　名		記入者		記入日	

回答欄：よくある…○、ときどきある…△、ない…無記入

		質問項目	回答欄	領域
登校・朝	1	通学中に、興味のある物を見付けると（集団登校の列からはずれ）見に行く。		B
	2	日直等係の仕事を最後までやり遂げられない。		B
	3	時間割変更や活動の手順の変更があると、怒ったり対応できなかったりする。		F
授業（通常の学習・行事等）	4	忘れ物をしたり、机の中が整理できなかったりする。		B
	5	手足をそわそわ動かしたり、体を絶えず揺すったりする。		C
	6	教師の質問が終わらないうちに答えたり、指名されていないのに回答したりする。		C
	7	球技等をするとき、仲間と協力できない。		D
	8	授業内容と関係のない質問をする。		E
	9	聞いた内容を覚えられない。		A
	10	個別に言われると聞き取れるが、集団場面では難しい。		A
	11	考えを話すとき、言葉につまる。		A
	12	見たことや体験したことを順序立てて話すことが難しい。		A
	13	文中の語句や行を読み飛ばしたり、読み間違えたりする。		A
	14	文章の内容理解が難しい。		A
	15	漢字の細かい部分や拗音、促音等を書き間違える。		A
	16	黒板の字を写すことに時間がかかる。		A
	17	計算に時間がかかる。		A
	18	算数の文章題から式を立てることが難しい。		A
	19	作文や日記等文章を書くとき、内容や文の構成を考えることが難しい。		A
休み時間	20	友達と仲良くしたい気持ちはあるが、関係をうまく築けない。		D
	21	友達のそばにいても一人で遊んでいる。		D
	22	相手の言うことを言葉どおりに受け止めてしまう。		E
	23	「太ってるね」など、他者が聞いて気分を害する言葉を感じたまま口にする。		E
	24	点数や勝敗にこだわり、負けそうになると機嫌が悪くなる。		F
	25	雑踏や人の多い場所、特定の音やにおいを嫌がる。		G
	26	体に触れられることを嫌がる。		G
給食	27	当番であることを忘れて遊びに行ってしまう。		B
	28	偏食がある。（白ご飯は食べるが、赤飯や炊き込みご飯等、他の物が混ざったり色がついていたりすると食べられない など）		F
掃除	29	掃除中等に、周りの友達にちょっかいをかける。		C
下校	30	仲の良い友達がおらず、一人で下校している。		D

	I 学習面	II 行動面		III 社会性			
	A学習面	B不注意	C多動性・衝動性	D人とのかかわり	Eコミュニケーション	F興味・こだわり	G感覚の過敏性
△の数	/11	/4	/3	/4	/3	/3	/2
○の数	/11	/4	/3	/4	/3	/3	/2

富山県教育委員会、2016

【4. CLD 児の行動観察のポイントと指導・支援の例】

　この章の最後に、CLD 児にみられることが多い学習の課題や問題行動について、観察のポイントと考えられるつまずき（要因）、指導・支援の例を考えます。

　CLD 児の問題や課題の背景には、多言語の発達、認知発達、発達障害、さらに移動や社会文化的背景など、複数の要因が重なり影響しあっており、その要因を探ることは容易なことではありません。一方で、これまで特別支援教育分野で蓄積されてきた多くの実践や研究は、CLD 児のつまずきへの理解と対応の一助となる可能性があります。

　近年、多様な子どもが在籍する通常の学級において、障害のある子どももない子どもも区別なく配慮される視点の必要性が求められており、これをユニバーサルデザインといいます（文部科学省、2015）。このような視点に立つと、発達障害のある子どもの特性のうち授業の理解のバリアになるのものは、定型発達といわれる子どもが、授業の中で直面する理解のバリアとなるものと対応関係にあると考えることができます（小貫、2023）。つまり、障害のある子どもの特性への配慮は、CLD 児を含むどの子どもへの配慮にもなる可能性があります。

　掲載したもの（図 1-①、②、③）は一部の支援の例です。教員や支援者が工夫をするきっかけになるよう活用してください（富山県教育委員会、2016）。

小学校・学習

Q11 教師の指示を聞き漏らし、聞き返したり、周りの様子を見て動いたりしている

「帽子とタオルを持ってグラウンドに行きましょう。」などと一斉指示を出した直後に「先生、何持っていくの。」と聞き返します。また、他の子供が取りに行くのを見て準備することも多いです。

◆ **実態把握（観察のポイント）**
・教師が指示を出しているときの子供の様子はどうか。
（注意を向けているか、聞き続けているか、覚えているかなど）
・授業の内容についていっているか、理解しているか。

◆ **推測できるつまずきの要因**
A　話している人に注意を向けられない。
B　聞いた内容を覚えていられない。
C　聞いた内容の理解が難しい。

◆ **指導・支援の例**

Aへの対応
一度注意を引いてから話す。
・「今からすることを言います。」「持って行く物は2つです。」などと言ってから伝える。
・一斉指示に注意を向けにくい子供に、アイコンタクトで目が合ってから話したり、近づいて肩に手を置くなどしてから話したりする。

Bへの対応
黒板に順を追って指示内容を書く。
・番号を付けて準備する物や、行動することを書く。

Cへの対応
話に関係ある絵や動作で伝える。
・帽子、タオルの絵を描いたり、貼ったりする。
・かぶる動作や頭を押さえる動作をする。

◇ **指導・支援の意味**

Aについて
　子供に近づいたり、視線を合わせたりして話すと、自分に関係していることを話していると子供に意識させることができます。そして、聞くべき音（声）を選択しやすくします。

Bについて
　聞いたことを覚えていられない子供の場合、指示の最初の部分だけとか、終わりの部分だけを覚えていることがあります。また、一つのことをしていると他のことを忘れることもあります。忘れても確認できる環境を準備しておくことで、思い出す助けになります。

Cについて
　話に関係する絵や写真を示したり、板書したりして視覚的に確認できるようにすることは、聞いただけでは理解が難しい子供にとって、効果的です。

◎**他に考えられる配慮点（クラス全員の子供に有効な支援です。）**
・指示代名詞はできるだけ使わないようにします。
・話した内容を理解しているか、質問して確認します。
・必要な情報を「短く・はっきり・ゆっくり」話します。
・複数の指示がある場合は、一つの指示による行動ができてから、次の指示を出します。

図1-① 特別支援教育学びQ＆A　富山県教育委員会、2016

小学校・行動　　　　　　　　　　　　　　　　　　　　　　　　　　　　参考 Q7

Q22　授業中に席を離れたり教室を出て行ったりしてしまう

先生が話し始めたり、話合いが始まったりすると、教室から出て行くことがあります。
教室を出た後、図書室や保健室にいることが多いです。

◆実態把握（行動観察のポイント）
・静かな所と多人数で話している所とでは集中に違いがあるか。
・学習内容の理解度はどの程度か。
・積極的に参加できる活動は何か。

◆推測できるつまずきの要因
A　大きな音や様々な音が入り交じっている環境が苦手である。
B　授業内容が本人の理解度の実態に合っていない。（分からない、分かってしまっている）

◆指導・支援の例

Aへの対応
教室内の騒音レベルを下げる。
・机やいすの足に防音材を付ける。
・クラス全体に対し、適切な声の大きさを指導する。
・どうしても我慢できないときは、居場所を知らせてから教室を出るというルールを決める。

Bへの対応
指示や学習内容を明確にし、能力差に応じた工夫をする。
・全体への指示や説明の後、個別にも指示や説明をし、活動内容を明確に伝える。
・難易度を変えた課題を準備し、自分で選択したり、進めたりできるようにする。
・好奇心をくすぐるような学習課題を設定し、意欲を高める。
・実態に応じてその時間に関係のある自主学習を認める。

◇指導・支援の意味

Aについて
　「暑い」「寒い」「うるさい」「まぶしい」などの感じ方は、人によって違います。不快に感じる音を減らすことで、落ち着いて学習に取り組みやすくなります。環境調整が難しい場合や、本人の体調などにより、我慢できない場合には、適切な方法で自分から伝えられるように、日頃から対処の仕方を相談しておくことが大切です。

Bについて
　指示や課題の内容が分かっていない場合には、個別に指示をしたり、課題内容を具体的に分かりやすい内容にしたりすることで、取り組みやすくなります。学習内容を理解してしまっており、前時の復習や反復練習、書いたことを伝え合うだけのような話合い活動がつまらないと感じている場合には、挑戦したくなるような課題設定が必要です。「そうか！」「なるほど！」「分かった！」と子供から感嘆詞が出るような場面をつくるように心がけるとよいです。

◎他に考えられる配慮点（クラス全員の子供に有効な支援です。）
・視覚、聴覚、触覚の感じ方は人によって違うことを説明し、感覚の過敏さへの理解を促します。
・授業のスケジュールや課題、活動内容を視覚化して示します。
・グループでの話合いでは、司会や記録等の役割を決めてから話し合うようにします。

図1-② 特別支援教育学びＱ＆Ａ　　富山県教育委員会、2016

中学校・行動　　　　　　　　　　　　　　　　　　　参考　Q11〜Q21

Q34　学習全般に意欲を示さない
授業中は、机に突っ伏して眠っていることが多く、宿題は全く提出しません。最近は登校しぶりも見られるようになってきました。

◆**実態把握（情報収集のポイント）**
・いつ頃から学習に意欲を示さなくなったのか。また、学習に意欲を示さなくなった頃の授業の様子や成績等はどうだったのか。（きっかけを探る）
・学校生活全般で、積極的に活動しているときはどんなときか。（例：社会の授業には取り組む、部活動は積極的に行うなど）

◆**推測できるつまずきの要因**
A　学習のつまずきがもとで努力しても結果に結びつかない経験を繰り返した結果、できることでも積極的に取り組まない状態になっている。

◆**指導・支援の例**
Aへの対応
小さな成功体験を積むようにする。
・「朝、あいさつする。」「1日に1枚数学の小プリントをする。」等、生徒と一緒にできそうな目標を個別に立てて、達成できるようにする。また、成功体験したことや頑張ったことはしっかり認める。
意図的に認める。
・当たり前のことでも、できていることや取り組もうとした姿勢、また、結果につながらなかったとしても努力したことに対して認める。
　　　（例：「試合には負けたけど、毎日コツコツ練習をがんばっていたね。」）
学習の準備を徹底する。
・「教科書とノートを出します」の一斉指示で出さない場合は、机間指導で個別に指示します。出した際には、うなずいたり、「いいね。」と言って認める。
・生徒が教科書や資料等を忘れることを想定して予備を用意しておき、生徒が忘れたら貸し出す。学習のつまずきに対して、Q11等に応じた指導・支援をする。

◇**指導・支援の意味**
Aについて
　大きな挫折感を一度体験するよりも、幼いころから何度も小さな挫折感を味わっている方が、「どうせできんし。」「やっても無駄。」と言って学習に取り組まない状態に陥りやすいと言えます。多くの体験からくる無気力、無力感を打ち消すためには、まずは確実にできることを目標にし、それを達成する経験を積み重ねることで克服していきます。
　成功体験に加え、周囲から認められることは効果的です。自分で「できた」という感覚に加え、周囲の人から「認められた」という感覚があるとより自信につながります。
　生徒は授業のルールを守らなければいけないことを教師間で共通理解するとともに、そのことが生徒にも伝わることが大切です。特に授業のスタートをそろえることは大切です。学習の準備をしないことを見逃してしまうと生徒は期待されていないと感じ、参加する機会を逃してしまいます。
　たとえ取り組まなくても授業に必要な物は準備させ、取り組みやすいことから参加を促し、少しでも取り組んだらすかさず認めるとよいです。

◎**他に考えられる配慮点（クラス全員の生徒に有効な支援です。）**
・思春期になるとプライドもあるので、認めるときは、「ほめる」というより「感心する」とか「感謝する」ということが有効な場合が多いようです。

図 1 -③　特別支援教育学びＱ＆Ａ　　富山県教育委員会、2016

65

第 6 章　専門機関での発達のアセスメント

　この章では、専門機関で実施可能な発達のアセスメントを紹介します。

　最初に、CLD児の認知特性のアセスメントを行う際に注意しなければならないことをあげます。一つ目は、これらの検査は日本語で実施されるため、CLD児が日本語で検査の教示を理解し、日本語で応答できているかという点です。もう一つは、検査に反映された文化的な知識があるかという点も重要な視点です（島田、2023）。日本の特有の行事や習慣、宗教や生活のルール等は、日本の文化に触れる機会が少ないCLD児にとっては不利になることが考えられます。

　さらに詳しい調査研究や書籍の紹介は他紙に譲りますが（松田・中川、2017、島田、2016；2018；2023）、CLD児の心理検査の利用とその解釈には慎重な姿勢が求められます。

　一方で、今回紹介するウィクスラー式知能検査や、日本版KABC-Ⅱ（Kaufman Assessment Battery for Children Second Edition）は、学習障害、注意欠如・多動性障害（ADHD）、自閉症スペクトラム障害（ASD）、発達性協調運動障害（DCD：Developmental Coordination Disorder）など、認知特性を把握するための基本的な検査でもあり、特別支援教育においては有用なツールとなっています。

【1. 知能検査・認知検査】

1-1. ウィクスラー式知能検査

　米国の心理学者、ウィクスラー（Wechsler, D.）によって開発された知能

検査のシリーズです。現在は、幼児用のWPPSI（Wechsler Preschool and Primary Scale of Intelligence）、学齢期用のWISC（Wechsler Intelligence Scale for Children）、成人用のWAIS（Wechsler Adult Intelligence Scale）という3つの検査があります。

　現在、学齢期用として使用されているWISC-Ⅳは、全15の下位検査（基本検査10、補助検査5）で構成され、5つの合成得点（全検査IQ、4つの指標得点）が算出でき、合成得点から子どもの知的発達の様相をより多面的に把握できます。言語性IQ(VIQ)、動作性IQ(PIQ)、全検査IQ(FSIQ)の3つのIQに加え、「言語理解（VC）」「知覚統合（PO）」「作動記憶（WM）」「処理速度（PS）」の4つの群指数も推定できます。この検査の目的は、知的発達の個人差、および個人内の差をみることによって、受検者の知的発達の特

表1　WISC-Ⅳの合成得点が測っているもの

合成得点（略称）	説明	意味
全検査IQ（FSIQ）	全体的な知的能力（知能）の発達水準の推定をする。	・全般的知能
言語理解指標（VCI）	言語理解能力を測定する。言葉の概念を捉え、言葉を使って推論する能力を測る。	・言語概念形成 ・言語による推理力・思考力 ・言語による習得知識
知覚推理指標（PRI）	非言語的な情報をもとに推論する力を測定する。新奇な情報に基づく課題処理能力を測定する。	・非言語による推理力・思考力 ・空間認知 ・視覚―運動協応
ワーキングメモリー指標（WMI）	聞いた情報を記憶に一時的にとどめ、その情報を操作する能力を測定する。	・聴覚的ワーキングメモリー ・注意、集中
処理速度指標（PSI）	単純な視覚情報を素早く正確に、順序よく処理、あるいは識別する能力を測定する。	・視覚刺激の速い性格な処理力 ・注意、動機付け ・視覚的短期記憶 ・筆記技能、視覚―運動協応

Wechsler, D.／日本版WISC-Ⅳ刊行委員会　訳編　『日本版　WISC-Ⅳ知能検査　理論・解釈マニュアル』（2010b）：上野・松田・小林・木下、2021より引用、改変

徴を明らかにすることです（表1）。

　CLD児のWISCに関係する調査に次のような報告があります。「一時的セミリンガル現象」というのは、2つ以上の言語に触れて育つ言語形成期の年少者が、どの言語も年齢相応のレベルに達していない状況を意味しますが（中島、2007）、松田・中川（2017）は、このような状況のCLD児は言語理解（VC）とワーキングメモリー（WM）が相対的に低い傾向がみられると指摘しています。

　松田・中川（2017）は、特別支援学級に在籍する子どもを含む、発達障害の疑いがある日系ブラジル人児童5名にポルトガル語版WISC-Ⅳ知能検査を実施しました。その結果、2名については平均範囲の得点が出、発達障害ではない可能性が示唆されました。他の3名については、はっきりと障害が認められるには至らないという結果でした。

　ここから、実施言語の問題や、バイリンガルテスターによるアセスメントでなければ正しく診断できない可能性が示されました。

1-2. 日本版KABC-Ⅱ
(Kaufman Assessment Battery for Children Second Edition)

　米国版KABC-Ⅱは、教示に言語が必要ですが、検査項目自体において文化と言語による影響の低減が図られていることが特徴です（日本版KABC-Ⅱ製作委員会、2013）。日本版KABC-Ⅱでは、基礎学力を測定する習得尺度が大幅に拡充されています。また、検査で認知能力と基礎学力をともに測定し、その結果を直接比較することができるように設定されています。これにより、両者の差異と関連の分析が可能となり、認知特性に合わせた支援・指導に直結するという点がKABC-Ⅱの最大の特徴となっています。

　このような特性から、アセスメントの目的によって、日本版KABC-Ⅱは認知尺度と習得尺度を別々に実施することができます。すなわち、読み、書

き、算数といった基礎学力を測定したい場合には習得尺度のみを実施します。日本版KABC-Ⅱの対象年齢は2歳6か月から18歳11か月で実施時間は、30分から120分（年齢によって異なる）です。

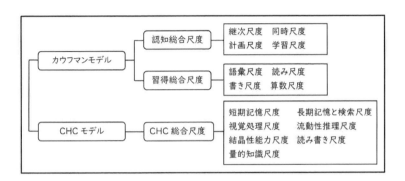

図1-①　KABC-Ⅱにおける2つの解釈モデル　一般財団法人特別支援教育士資格認定協会編　特別支援教育の理論と実践［第4版］Ⅲ　特別支援教育士〔S.E.M.S〕, 2023

認知総合尺度…認知能力の総合指標
継次尺度…情報を時間的，系列的に順番に処理する
同時尺度…情報を全体的なまとまりとして処理する
計画尺度…課題を解決するための方略決定及び継次
　　　　　処理と同時処理の課題への適用
学習尺度…情報の効率的な学習と長期記憶の保持

習得総合尺度…基礎学力の総合指標
語彙尺度…獲得している語彙量及び意味理解
読み尺度…ひらがな，カタカナ，漢字，文章の読み
書き尺度…ひらがな，カタカナ，漢字，文章の書き
算数尺度…計算スキル（筆算）及び数的推論

図1-②　KABC-Ⅱにおける2つの解釈モデル　一般財団法人特別支援教育士資格認定協会編　特別支援教育の理論と実践［第4版］Ⅲ　特別支援教育士〔S.E.M.S〕, 2023

1-3. 日本版DN-CAS認知評価システム
（Das-Naglieri Cognitive Assessment System：DN-CAS）

　知能のPASS（プランニング、注意、同時処理、継時処理）に基づき、子どもの認知機能を評価する個別実施の検査です。ルリア（Luria, A. R.）による理論をダス（Das, J. P.）が発展させた理論です。

　次に紹介するKABC-ⅡとDN-CASは認知検査と呼ばれることが多く、この認知尺度は、背景知識の影響が比較的少ない認知の基礎過程を推測するといわれています。

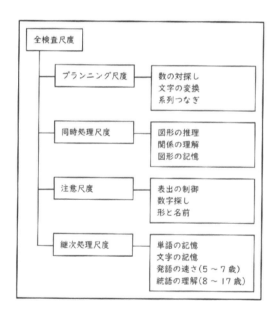

図2　DN-CASの尺度構成　一般財団法人特別支援教育士資格認定協会編　特別支援教育の理論と実践［第4版］Ⅲ 特別支援教育士［S.E.M.S］, 2023

【2. 発達障害特性のアセスメント】

2-1. ADHD評価スケール（ADHD-Rating Scale : ADHD-RS）

　ADHDの特性評価のうち、教育現場でも比較的簡便に利用でき、医療機関でもよく用いられているものに、ADHD評価スケールがあります。これは、5歳から18歳を対象年齢として保護者に回答を求める家庭版と、保育士や教師に回答を求める学校版があります（DuPaul et al., 1998）。それぞれの質問項目はDSM-Ⅳの質問項目に準拠していて、不注意に関する9項目と多動性・衝動性に関する9項目を交互に配置した18項目について、過去6か月における様子について「ないもしくはほとんどない」「ときどきある」「しばしばある」「非常にしばしばある」の4件法で回答を求めます。

2-2. Conners 3　日本語版（田中、2011）

　Conners 3は、ADHDをはじめとする小児期の問題の第一人者コナース（Conners, C. K.）によって開発された評価票で、現在は2017年に出版されたDSM-5対応版が使用されています。Conners 3は、ADHDの他に、抑うつ、不安、攻撃性、学習上の問題、友人関係の問題などの可能性も判断できるように構成されており、6歳から18歳までの子どもおよび青年が対象です。Conners 3では、Tスコアやパーセンタイルに変換することで各スコアの比較が可能となります。Tスコアの平均は50で、1標準偏差以上（60≦）となると、通常は臨床的に有意と考えられます。

2-3. 自閉症スペクトラム指数（Autism-Spectrum Quotient : AQ）・児童用AQ

　AQは、50問からなる自記式（子ども自らが回答する）質問紙で、16歳以上を対象としています。それ以下は児童用AQとなります。いずれも「社会

71

第 2 部　CLD 児を理解する

的スキル」「注意の切り替え」「細部への注意」「コミュニケーション」「想像力」の 5 領域の下位尺度が10問ずつあります。

2-4. ASD 診断用のアセスメント・ツール

　より専門的な機関で ASD 診断を補助するアセスメントのスタンダードとなっている 2 つのアセスメントツールを紹介します。1 つは、自閉症診断観察検査第 2 版（Autism Diagnostic Observation Schedule-second edition：ADOS-2）で、生後12か月から成人までを対象とした、本人を対象とした半構造化面接を通した行動観察をする検査です。もう一つは、自閉症診断面接改訂版（Autism Diagnostic Interview-Revised：ADI-R）で、2 歳以上の対象者の養育者に対して、ASD の診断に至る情報を得るための質問を行い評価します。臨床的支援をする場合、その程度はどのくらいなのか、どのような場面でみられるかなどの示唆が得られ、支援目標や支援計画の策定に役立ちます。

【3. 学力の評価】

3-1. LDI-R　LD 判断のための調査票

　LDI-R（LD 判断のための調査票）（上野ら、2008b）（図 3、表 2）は、図のように標準化されたものです。LDI-R には、LD に特徴的なつまずきが項目として用意されており、LD の可能性の有無を確認し、教育的判断の一資料として活用することができます。

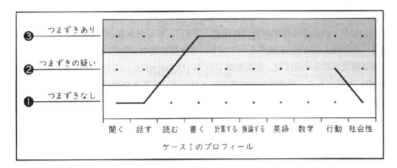

図3　LDI-Rの尺度構成　一般財団法人特別支援教育士資格認定協会編　特別支援教育の理論と実践［第4版］Ⅲ 特別支援教育士〔S.E.M.S〕, 2023

検査名	LD判断のための調査票（Learning Disabilities Inventory-Revised：LDI-R）
著者	上野一彦・篁倫子・海津亜希子
出版社	日本文化科学社
適用年齢	小学1年生〜中学3年生
目的	• LDに特徴的な基礎的学力のつまずきや習得の仕方が，どの程度みられるかを調べ，LDの有無についての可能性を判断する。
内容	• 基礎的学力8領域（聞く，話す，読む，書く，計算する，推論する，英語，数学）とLDに重なりやすい他の特性の2領域（行動，社会性）の計10領域。 • 数学は8項目，それ以外は12項目（学年によって評定項目数が異なる領域あり）。
方法	• 対象児を指導し，学習状態を熟知している指導者や専門家が回答し，LDに精通している教師，心理士，ST，S.E.N.S等が解釈する。 • 質問項目の特徴が，どの程度みられるかを4段階で評定する。

表2　LDI-Rの概要　一般財団法人特別支援教育士資格認定協会編　特別支援教育の理論と実践［第4版］Ⅲ 特別支援教育士〔S.E.M.S〕, 2023

3-2. LD（エルディ）-SKAIP（スカイプ）
LD の判断と指導のためのスクリーニングキット

　LD-SKAIP は、Learning Differences-Screening Kit for Academic Intervention Program の略で、文部科学省の助成を受けて、2013年から日本 LD学会の開発研究チームが開発を行いました（日本LD学会、2018）。アセスメントは、ステップ I ～ Ⅲで構成されていて、iPad を使います。

ステップ I :

学習に関する質問に子どもに関わる教師が回答するチェックリスト

ステップⅡ:

 基礎的な学習スキル（読字・書字・計算）

ステップⅢ:

一般的な学習課題による学習のつまずきを評価すること

　なお、LD-SKAIP ステップⅡとステップⅢは、LD-SKAIP 講習会を受講した方のみ使用が可能です。

日本LD学会ホームページ

https://www.jald.or.jp/info/ld-skaip/#qa

COLUMN 3.

障害観の違いと保護者心理

　担任が、保護者へ発達のおくれが疑われるCLD児について相談を持ちかけたときのこと、「保護者が怒り出してしまった」という事例がありました。このケースは、日本の教育制度とは異なる文脈で障害をとらえる社会・文化的背景をもつ国からきた保護者とのかかわりの中で起こりました。

　CLD児の保護者の障害に対する理解は様々です。子どもの障害や発達の課題について伝えられることは国籍に関係なく誰もがショックであり、その支援には配慮が必要です。さらに、外国にルーツをもつ人が、日本人から障害や特別支援教育について説明されると、情報・知識不足もあり、受け入れるのが難しい場合が多いことが報告されています（菱田、2021）。

　こうしたことから、子どもの発達について心配のある保護者へ説明をする際には、障害観の違いや保護者心理をふまえた対応をしていく必要があります。その際、活用できる一つの資料として、パンフレット「お子さんの発達について心配なことはありますか？～日本で子育てをする保護者の方へ～」（図１）があります。このパンフレットの対象は、日本で子育てをしている外国人保護者（特に子どもの発達について心配なことがある方）と支援者や関係者です。このパンフレットには、検診、相談機関、発達障害についての基礎的な説明、暮らしに役立つ情報などの項目が掲載されています。また、「やさしい日本語」を含む21か国語に対応していることや、視覚的にも分かりやすいように構成されていることが特徴です。

図1　発達障害に関する外国人保護者向けパンフレット　国立障害者リハビリテーション
センター 発達障害情報・支援センター、2019

第3部 CLD児を支える
―連携編―

第 7 章
CLD 児の日本語教育と特別支援教育の
連携をめざして

　5 章【4. CLD 児の行動観察のポイントと指導・支援の例】でみたように、CLD 児の学習の課題や問題行動のつまずきの要因は複数考えられます。また、これまでの実践報告や研究から、外国人児童生徒の学習上の困難さが、障害によるのか、文化的・社会的背景によるのか、あるいは複数の言語を獲得していく過程にあらわれる一時的リミテッド状態（複数の言語にふれて育つ年少者がどの言語にも年齢相応のレベルに達していない状態）に起因するのかを見極めることは非常に難しく、体系的な方法は現在のところ確立されていません（相磯、2022）。

　そこで本章では、一つの試みとして、ここまで本書でみてきたことをモデル化し、現状で可能な支援について考えます。

【1. 実態把握の方法としてのプレ・アセスメント】

　4 章と 5 章でみてきたのは、CLD 児の学習や日常生活の情報取集と実態を把握することでした。これは、専門家が相談機関で行う標準化された WISC や K-ABC のような検査ではなく、教師や支援者が、学校生活の中で CLD 児とかかわりながら観察したり、チェックリストなどの比較的簡便なツールを使って把握を行うことです。ここではそれを、専門家による心理や発達のアセスメントとは異なる実践によるアセスメントと捉え、プレ・アセスメントと呼ぶことにします。

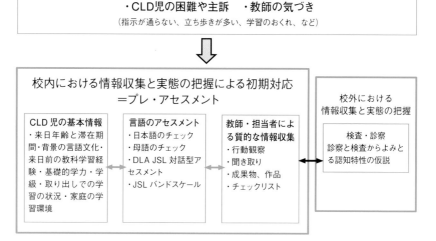

図1　困難や主訴とプレ・アセスメント（著者作成）

　図1で示したように、プレ・アセスメントでは、まず、CLD児の抱える困難やつまずき、あるいは、教師の気づきが起点となります。次に、それに応じてCLD児の基本的な情報収集、行動観察による把握、DLAなどの言語アセスメントなど、さまざまな実践が行われます。

　ここで言語面で心配な面のあるCLD児の言語の読む・書く・聞く・話す力の具体的な把握ができれば、日本語のどこにつまずきがあるのかが明らかになります。昨今は初期の日本語指導も漢字、国語を含む教科の学習補助教材が数多く開発されています（Q&Aでわかる　外国につながる子どもの就学支援、2022）。指示が通りにくかったり落ち着きがないCLD児の場合は、たとえその理由がよくわからなかったとしても、第5章の最後でみてきたような具体的な指導や支援をしてみることで、何らかの改善がみられれば（みられなければ）、CLD児のつまずきの要因を推測できるかもしれません。たくさんの情報があるため、整理のために、巻末にあるシートを利用するとよいでしょう。

　このように、目の前のCLD児のつまずきや教師の気づきを手掛かりに、

さまざまな方法を使って実態を把握しながら、できる範囲で初期対応すること、このプロセスがプレ・アセスメントになります。

【2. 校内における情報共有と連携・協働】

2-1. 校内における情報共有と連携・協働

　図2で示したのは、CLD児の困難や主訴の背景にあると考えられる3つの要因です。

　1つ目は、文化的要因と発達以外の個人・家庭要因です。2つ目は言語要因で、日本語を読む、書く、聞く、話す力や母語の力です。3つ目は発達要因で、発達の遅れや特性、発達障害に関することです。

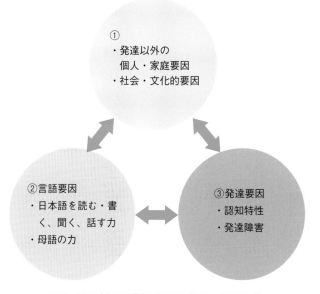

図2　CLD児の困難や主訴の背景　（著者作成）

　これら3つの要因のそれぞれについて、主たる担い手となる教員や支援者は、個人・家庭要因、および文化的要因は、担任、養護教諭、スクールカウンセラー、言語要因は日本語教師や母語支援員（担任）、発達要因は担任や特別支援教育コーディネーター（担任）になるでしょう。重要なことは、3つの背景の間に矢印があることです。

　前項でみてきた学校でできるプレ・アセスメントでは、CLD児の情報や状況を把握しながら、同時にできる支援を考え実施する実践です。そのプロセスの中で重要なのが、教師や支援者が日常的に情報共有し相談しあえる関係性があることです。可能なら、定期的にミーティングやケース会議を持つとなおよいでしょう。このような校内での話し合いやケース会議が行われることで、教員の気づきが促進されCLD児の知識や経験が増していくことも期待されます。

　CLD児のつまずきや問題に、特別支援教育的な支援の必要性が考えられた場合、連携のキーパーソンとなるのは特別支援教育コーディネーターでしょう。その場合、特別支援教育コーディネーターは、関係者の日程調整、資料準備などの具体的運営の中心としての役割が期待されます。臨床心理の専門家であるスクールカウンセラーは、臨床心理士か公認心理師の資格を有しているため心理アセスメントの実践や知識が豊富です。また子どもや保護者とのカウンセリングを通して、子どもの心理的課題について見立てることができるので活用が望まれます。スクールソーシャルワーカー（School Social Worker：SSW）は、福祉相談業務の専門家で、近年学校現場にも関わっています。SSWは、課題を抱えるCLD児がおかれた環境への働きかけや関係機関等とのネットワークの構築、連携・調整、校内におけるチーム体制の構築・支援や助言等の役割があります。

　近年、多職種連携やチーム援助という言葉がよく使われます。問題の背景に複雑な要因をもつCLD児の支援に必要な考え方であり、体制かもしれません。

2-2. 特別支援教室と国際教室との交流
―特別支援教育と日本語教育をつなぐ試み―

　日本語指導を受けている CLD 児や特別支援学級に在籍する CLD 児が、在籍学級の子どもとのつながりをもてるよう配慮をする必要があります。子どもたちはかかわりを通してさまざまな体験をし、学びながら成長していくからです（藤川、2022）。

　このような在籍学級と日本語教室、在籍学級と特別支援教室とのつながりだけではなく、特別支援教室と日本語教室の交流を活発に行っている学校の事例を紹介します。この小学校では、CLD 児の課題を言語か発達かといった二分法的な考えではなく、一人の困り感をもった子どもと捉えて支援しているとのことでした。学校を見学すると、CLD 児は国際教室と特別支援教室と在籍学級とを行き来しながら過ごしているのが印象的でした。また、担当する教員も、学校の方針に沿って「目の前にいる困っている子ども」という視点で捉え、連携、協働しながら支援しているとのことでした（カラフルな学校ってなに？幸せの道筋と職員室改革　ダイバーシティーやインクルージョンな社会を生き抜く子どもを育てるメソッド、2019）。

　この章の最後に、「多文化共生の学校づくり」の事例を紹介します。CLD 児が多いという特色を、「開かれた学校づくり」の機会と捉えた学校からの報告です。

多文化共生の学校づくり

　「外国につながる子どもが半数を超えた」というと、何か特別な学校のように思われがちなのですが、本校は、どこにでもある普通の学校です。もし、違いがあるとすれば、支援を要する子どもに必要な支援ができる体制が整いつつあるということです。担任一人では、十分に子どもの学びを支えることができなくとも、副担任や国際教室担当、少人数指導担当や個別支援学級担当、そして、管理職が教室に入ることで、一人ひとりをきめ細かく支援していくことができるようになります。さらに、養護教諭、事務職員、栄養職員、給食調理員、管理員、学校運営補助員、日本語教室講師などの職員も加わり、安心して学び、過ごせる環境を整えることができるのです。

　また、保護者、地域の方々、大学関係者やボランティアスタッフなど外部の方々と協働することで、より多くの目で子どもたちを見守っていくことができるようになります。（中略）

　本校は、外国につながる子どもが多いという特色を、「開かれた学校づくり」を進める絶好の機会と捉えてきました。しかし、はじめから協働がうまくいったわけではありません。今日に至るまで、職員同士のさまざまな葛藤があり、外部支援者との行き違いもありましたが、その都度、話し合いを重ね、乗り越えてきました。その結果として、職員同士の協働が進み、「開かれた職員づくり」が前進しました（服部、2019）。

図3　横浜市内の小学校の国際教室　（撮影　栗原友佳）

COLUMN4.

CLD児が安心できる環境をつくる

　小野（2021）は、困難を抱えた子どもや家族に対して支援者が最初にすべきことに関して、「まず支援者が当事者を知り、良い関係を作ることが大切です。なぜなら、問題が大きければ大きいほど、その背景にある事情も複雑なことが多いからです。そして、支援者がそのすべてをすぐに理解できるわけではありません。ですから、最初から決めつけたりラベル付けしたりせず、想像力を働かせながら、興味をもって当事者の言葉に耳を傾ける必要があります。」と述べています。これはCLD児においても同じです。本書で述べてきたように、CLD児の困難はさまざまな要因から生じる可能性があり、自分の目の前に居るCLD児の困難が生じている要因が分からず、教師や支援者はどのように対応してよいか迷うことも少なくありません。このようなとき、教師・支援者がCLD児（とその保護者）を最初から決めつけたり、ラベル付けしたりせずに、想像力を働かせながら、興味を持ってCLD児（とその保護者）の言葉に耳を傾けることによって、CLD児（とその保護者）は教師・支援者から「理解されている」「受け入れられている」と感じ、より安心した気持ちを抱くことができるようになります。これがよい関係の基盤になります。CLD児が安心した気持ちを抱くことができる環境を作ることは、CLD児の困難が言語由来のものであっても、発達障害由来のものであっても、トラウマ由来のものであっても、ストレス由来のものであっても、不安由来のものであっても、どのような要因に由来するものであっても有用です。CLD児に対して何をしていいか迷うときは、まず目の前に居るCLD児にとって安心できる環境はどのようなものか考え、そのような環境を作ることを念頭に支援をしていくとよいでしょう。

付録編

資料
用語説明
すぐに役立つツール一覧
引用・参考文献

資 料

■本文で紹介した資料の様式（5点）

付録編

様式2（指導に関する記録）	個別の指導計画		前期

フリガナ 児童生徒名	指導時間 週（　　）単位時間	作成日 　令和　年　月　日	校長 前期末
指導者 指導補助者	月（　　）単位時間 他	指導場所	

日本語の力		日本語テスト結果
		1年生語彙調査
		DLA(JSL対話型アセスメント)
		【話す】
		【読む】
		【書く】
		【聴く】

前期 指導目標	

日本語指導 プログラム	4月	5月	6月	7月	（8月）	9月	10月

「特別の教育課程」による日本語指導	指 導 計 画	評 価（指導内容・方法、学習状況、評価）

上記以外の指導課題	

取り出し指導の 指導時数	4月	5月	6月	7月	（8月）	9月	前期合計

豊橋市教育委員会

図1　個別の指導計画様式　愛知県豊橋市教育委員会

90

表 B-5-6　アセスメントシート①

基本的な情報の収集

A．主訴	
B．家族構成・家族状況	D．学級の状況・学級での様子
C．生育歴・教育歴	
E．学力（国語・算数・その他）	

図2-①　アセスメントシート①　一般財団法人特別支援教育士資格認定協会編　特別支援教育の理論と実践［第4版］Ⅲ 特別支援教育士〔S.E.M.S〕、2023

表 B-5-7 アセスメントシート②

基本的な情報

F. 行動・社会性	H. 諸検査結果（知能・認知特性・その他）
	WISC-IV
	検査時年齢　　歳　　カ月
	信頼区間　（　　　%）
	全検査 IQ　　　　（　　−　　）
	言語理解　　　　（　　−　　）
	類似：　　単語：　　　理解：
	知覚：　語の推理：
G. 言語・コミュニケーション	知覚推理　　　　（　　−　　）
	積木模様：　　絵の概念：
	行列推理：　　絵の完成：
	ワーキングメモリー　（　　−　　）
	数唱：　　語音整列：　　算数：
	処理速度　　　　（　　−　　）
	符号：　記号探し：　絵の抹消：
I. 運動・基本的生活習慣・その他	ディスクレパンシー比較
	VCI　　WMI（差　　　　）出現率　　　%
	VCI　　PSI（差　　　　）　　　　　%
	PRI　　WMI（差　　　　）　　　　　%
	PRI　　PSI（差　　　　）　　　　　%
	行動観察
J. 身体・医学面	
K. 興味・強い面・指導に利用できるもの	
L. 校内・校外の体制	

図2-② アセスメントシート② 　一般財団法人特別支援教育士資格認定協会編　特別支援教育の理論と実践［第4版］Ⅲ 特別支援教育士〔S.E.M.S〕、2023

表 B-5-8　アセスメントシート③

KABC-II	行動観察
検査時年齢　　歳　　カ月	
認知総合尺度　　　　　　　（　　－　　）	
継次尺度　　　　　　　　（　　－　　）	
同時尺度　　　　　　　　（　　－　　）	
計画尺度　　　　　　　　（　　－　　）	
学習尺度　　　　　　　　（　　－　　）	
習得総合尺度　　　　　　　（　　－　　）	
語彙尺度　　　　　　　　（　　－　　）	
読み尺度　　　　　　　　（　　－　　）	
書き尺度　　　　　　　　（　　－　　）	
算数尺度　　　　　　　　（　　－　　）	
尺度間の比較	
継次　　同時　　語彙　　読み　　認知　　習得	
継次　　計画　　語彙　　書き	
継次　　学習　　語彙　　算数　　認知　　語彙	
同時　　計画　　読み　　書き　　認知　　読み	
同時　　学習　　読み　　算数　　認知　　書き	
計画　　学習　　書き　　算数　　認知　　算数	

図2-③　アセスメントシート③　　一般財団法人特別支援教育士資格認定協会編　特別支援教育の理論と実践［第4版］Ⅲ　特別支援教育士〔S.E.M.S〕、2023

表 B-5-9　総合的判断

学習や行動の実態	検査アセスメントから読み取れる仮説

子どもの実態と心理検査結果から得られた認知特性との関連

推測される基本障害

併存症・合併症や二次的な問題の検討

教育的支援の方針
• 教育的支援の課題 　学習面 　行動面 • 教育的支援の形態

図2-④ 総合的判断シート　一般財団法人特別支援教育士資格認定協会編　特別支援教育の理論と実践［第4版］Ⅲ 特別支援教育士〔S.E.M.S〕、2023

用 語 説 明

■アイデンティティ（identity）

エリクソン（1959-2011）は、自分自身を、まとまりのある不変で同一の存在として認識している自己斉一性連続性の知覚と、それが同時に他者からも承認されているという感覚を、アイデンティティ、または自我アイデンティティという言葉で説明している。アイデンティティは、青年期において、社会との関わりの中で自分という存在について問い直す、アイデンティティ・クライシス（危機）の時期を経て獲得が進むとされる。ただし危機への関わり方は一様ではなく、自分とは何かについての揺らぎが解決されないまま放置された拡散の状態や、アイデンティティの問い直しが生じない未探索の状態に留まることもある。また自我アイデンティティの発達は、ライフサイクルを通じて続くプロセスであり、成人期以降に、アイデンティティの問い直しや再体制化、再確立が経験される場合もある。–大西（2022）より

■アセスメント（assessment）

支援を必要としている児・者の状態像を理解するために、その人に関する情報を様々な角度から集め、その結果を総合的に、整理、解釈していく過程である。アセスメントの最初の段階では、主たる問題がどこにあるのか、その問題の背景にはどのような要因があるのか、どのようなニーズをもっているのか、優れている能力は何かなどを把握する。実際に支援が始まってからのアセスメントでは、当初の状態像の見たては妥当であったか、発達の過程（進捗状況）はどうであるか、なされた支援は妥当であるかなどを把握することが目的になる。–日本LD学会（2018）より一部改変

■DLA（Dialogic Language Assessment for Japanese as a Second Language）

　外国人児童生徒のための対話型アセスメントは、文部科学省「外国人児童生徒の総合的な学習支援事業」の一環で開発された日本語能力測定方法である。日常会話はできるが、教科学習に困難を感じている外国人児童生徒を対象としている。この評価方法は、子どもたちの言語能力を評価すると同時に、教科学習支援の必要性を検討するために使用され、従来の紙筆テストや集団テストとは異なる。DLAは、学習支援のための指導計画の助けとなり、学習活動及び教材の選択について考える際のヒントを与える。また、子どもたちの興味関心と学習意欲を高め、学習動機を高めることができる。さらに、対話重視で、指導者と子どもたちが一対一で向き合うことで、学習内容や学習領域を絞り込む上で必要な情報が得られるような構成を目指しており、年齢相応の言語能力を持たない子どもたちの教科学習言語能力評価法として妥当性がある。−文部科学省初等中等教育局国際教育課（2014）のp.6を元に作成

■学習障害（Learning Disabilities）

　学習障害（LD）という概念は、1960年代初頭に米国で、知能障害のない発達障害のある児童生徒への関心の高まりとともに、カーク（Kirk, S. A.）らによって教育用語learning disabilitiesとして登場し、全世界に広がった。医学定義（DSM-5）では、学力の三要素、読字・書字・計算の特異な困難を総称して限局性学習症（specific learning disorder）という診断名が用いられる。「聞く、話す」といった口頭言語に見られる特異な困難はコミュニケーション障害として分類される。また、読みや書きの障害については、伝統的な用語である「ディスレクシア（dyslexia）」を使う場合があるが、LDの臨床タイプの1つを表す別称である。−日本LD学会（2018）より一部改変

■合理的配慮（reasonable accommodation）

　合理的配慮とは、「子どもが、他の子どもと平等に教育を受ける権利を享有・行使することを確保するため、学校の設置者及び学校が必要かつ適当な変更・調整を行うことであり、障害のある子どもに対しその状況に応じて、学校教育を受ける場合に個別に必要とされるもの」であり、「学校の設置者及び学校に対して、体制面、財政面において、均衡を失した又は過度の負担を課さないもの」と定義されている。また、障害者の権利に関する条約において、合理的配慮の否定は、障害を理由とする差別に含まれることに留意する必要があることも述べられている。中央教育審議会による報告では、合理的配慮は個々の障害のある幼児児童生徒の状態などに応じて提供されるものであること、設置者および学校が決定するに当たっては、本人および保護者と個別の教育支援計画を作成する中で、合理的配慮の観点を踏まえ、可能な限り合意形成を図ったうえで決定し提供されること、それぞれの学びの場における基礎的環境整備の状況により、提供される合理的配慮は異なることが述べられている。−藤本（2016）より

■JSL（Japanese as a second language）

　第二言語としての日本語（略称「JSL」：Japanese as a Second Language）は、日本語以外の言語を母語（第一言語）とする人があらたに身に付ける日本語のことである。国・地域でその言語が使われているかどうかにより、「日本語」を「第二言語としての日本語（Japanese as a second language: JSL）」と「外国語としての日本語（Japanese as a foreign language: JFL）」に区別する場合もある。これは、学習環境や学習目的が異なることにより、教育の内容・方法を変える必要があるからである。しかし、国を越えた人の移動や通信が容易となった現在、JSLとJFLの境界はあいまいであり、区別も困難である。区別が特に重要でない場合は、日本以外の国における教育であっても、「第二言語としての日本語」「第二言語としての日本語教育」が用

語として使われている。第二言語としての日本語教育において、到達する能力レベルについては、母語話者と同様の能力を志向する考え方と、多様な日本語使用を尊重し、母語話者が使用する日本語を必ずしも最終的なゴールとはしないという考え方がある。−金田（2022）より一部改変

■二次障害（associated psychological and behavioral problems）

発達障害療育では、発達障害と関連したストレス状況を背景として生じている情緒・行動・精神面の問題をさして使われるのが一般的である。二次障害の内容としては、情緒面の不安定さ（過敏性や自尊心低下など）、心身症（過動など）、精神障害（不安症や強迫症など）などがある。−日本LD学会（2018）より

■特別支援教育（special needs education）

特別支援教育は、日本の学校教育における教育内容の一つであり、かつての特殊教育からの発展である。2007年4月1日に学校教育法の「特殊教育」は「特別支援教育」へと改正された。これまでの特殊教育は、障害の種類や程度に対応して教育の場を整備し、そこできめ細かな教育を効果的に行うという視点で展開されてきた。これに対し特別支援教育は、幼児児童生徒一人ひとりの教育的ニーズを把握して適切な教育的支援を行うものである。この教育的支援は、インクルーシブ教育と合理的配慮という二つの理念によって成立している。−上野（2016）より

■トラウマ（trauma）

米国のレノア・テアは子どものトラウマを「子どもを一時的に無力にいたらしめ、今までの平時の対処方法や防衛操作を破壊するような突然の一回性の打撃、もしくは繰り返される一連の打撃の結果、陥った心的状態」と定義している。また、テアはトラウマが単回性か、慢性反復性かによって子どもの現す症状が異なることを見出し、二つに分類している。

また、テアはトラウマとなり得る条件として次の三つをあげている。

1 子ども自身が危険な状態にあることを理解しているか、もしくは何らかの戦慄的なことを目撃していること

2 極度の無力感を感じていること

3 外傷的な記憶を知覚しているか、あるいはその記憶をどこかに貯蔵していること

－金（2006）より一部改変

■ユニバーサルデザイン（universal design）

　年齢や性別、障害の有無や障害の種類、文化にかかわらず、誰もが利用しやすい製品や環境、情報の設計。自身も障害のある、アメリカの建築家メイス（Mace, R. L.）が提唱し、障害者の基本的人権の尊重をはじめとして、社会のあらゆる場面におけるすべての人の平等を求める理念として広まった（Story et al., 1998）。2006年に国連総会で採択された「障害者の権利に関する条約」にも定義がある。特徴には公平性、柔軟性、単純性、わかりやすさ、安全性、省力性、スペース確保の7つの原則がある。高齢者住宅の設計や福祉のまちづくり、字幕放送による情報発信などで取り入れられている。－河合（2021）より

■ワーキングメモリ（working memory）

　ワーキングメモリとは、作動記憶とも呼ばれ、何らかの課題を実行する際に必要となる情報を保持しながら、課題実行に関する種々の処理を行うシステム全体を指す。現在、ワーキングメモリは、思考や感情のコントロール、知能、意思決定など、われわれの日常生活のさまざまな側面に関与していることが明らかにされている。－高橋（2022）より一部改変

すぐに役立つツール一覧

●言語

外国人児童生徒受入れの手引　改訂版 【文部科学省総合教育政策局国際教育課】

日本語指導者や担任などの教育者向けの手引きです。外国からの生徒の捉え方や関わり方のヒントが掲載されています。また、学校外の機関組織や相談機関との連携についての詳細が載っています。

https://www.mext.go.jp/a_menu/shotou/clarinet/002/1304668.htm

「やさしい日本語」の手引き【しまね国際センター】

日本語を母語としない方、子どもや高齢者を支援する方向けの手引きです。円滑なコミュニケーションのための分かりやすい日本語の使い方について解説されています。

https://www.sic-info.org/support/prepare-disaster/easy_japanese/

外国にルーツをもつ子どもたちの学習目標例 【愛知教育大学　外国人児童生徒支援リソースルーム】

担任や日本語教師向けの資料です。日本語学習者用の指導計画に役立ちます。4技能及び在籍学級参加の段階別の学習目標一覧が記載されています。

https://resource-room.nihongo.aichi-edu.ac.jp/wp-content/uploads/2021/02/gakusyumokuhyourei.pdf

●発達

先生が気づいて動けるチェックリスト【富山県総合教育センター】

教員向けの資料集です。子どもの教育的ニーズを把握し、支援や指導計画に役立つツールが掲載されています。例として、小学校・中学校・高校別の支援検討チェックリストがあります。

http://www.center.tym.ed.jp/wp-content/uploads/2019cl_full.pdf

特別支援教育学びＱ＆Ａ 【富山県総合教育センター 】

教員向けの指導事例集です。子どもの気になる行動や特徴別に観察のポイント、推測できるつまずきの要因、指導や支援の例が記載されています。

http://www.center.tym.ed.jp/wp-content/uploads/5efd1400c6287698c42a2fd24cb657ed.pdf

お子さんの発達について心配なことはありますか?―日本で子育てをする保護者の方へ― 【国立障害者リハビリテーションセンター 発達障害情報・支援センター】

子どもの発達が気になる保護者向けに書かれたパンフレットです。発達障害の説明や、自治体の機関の紹介、支援制度について記載されています。約

20カ国語の翻訳版と、やさしい日本語版があります。

http://www.rehab.go.jp/ddis/world/brochure/

●文化

母国の教育事情 【千葉県教育庁】

CLD児の保護者との面談や、子どもの理解に役立つサイトです。40カ国以上の教育事情について具体的に説明された資料が収録されています。

https://www.pref.chiba.lg.jp/kyouiku/shidou/gaikokujin/gakkou-sensei/bokoku.html

滞日外国人支援基礎力習得のためのガイドブック【日本社会福祉士会】

社会福祉士向けに作成されたガイドブックですが、教員も活用できます。外国人を支援する際のポイントや、他機関や他職種との連携方法について解説されています。

https://www.jacsw.or.jp/citizens/josei/documents/2018/tainichi/guide_A4.pdf

引用・参考文献

- 愛知県豊橋市教育委員会（2015）．個別の指導計画 様式2（指導に関する記録）豊橋市教育委員会 Retrieved July 31, 2022 from http://www.gaikoku.toyohashi.ed.jp/tokubetunokyouikukatei/03gakkou/031tokubetsu.pdf
- 愛知教育大学外国人児童生徒支援リソースルーム（2021）．外国にルーツをもつ子どもたちの学習目標例 愛知教育大学外国人児童生徒支援リソースルーム Retrieved March 10, 2023 from https://resource-room.nihongo.aichi-edu.ac.jp/wp-content/uploads/2021/02/gakusyumokuhyourei.pdf
- 相磯友子（2022）．外国人児童生徒教育と特別支援教育 異文化間教育学会（編）異文化間教育事典（p.126）明石書店
- 千葉県教育庁（2020）．母国の教育事情 千葉県 Retrieved July 29, 2022 from https://www.pref.chiba.lg.jp/kyouiku/shidou/gaikokujin/gakkou-sensei/bokoku.html
- Conners, C. K. (2008). Conners 3rd Edition Manual. Multi-Health Systems.（コナーズ，C. K. 田中康雄（監訳），坂本律（訳）（2011）．Conners 3 日本版マニュアル 金子書房）
- Cummins, J. (1984). Bilingualism and Special Education: Issues in Assessment and Pedagogy. Multilingual Matters.
- Cummins, J. & Swain, M. (1986). Bilingualism in Education: Aspects of theory, research, and practice. Longman.
- 中央教育審議会（2021）．「令和の日本型学校教育」の構築を目指して～全ての子供たちの可能性を引き出す，個別最適な学びと，協働的な学びの実現～（答申）文部科学省 Retrieved March 10, 2023 from https://www.mext.go.jp/b_menu/shingi/chukyo/chukyo3/079/sonota/1412985_00002.htm
- Drysdale, H., van der Meer, L., & Kagohara, D. (2015). Children with Autism Spectrum Disorder from Bilingual Families: a Systematic Review. Journal of Autism and Developmental Disorders, 2 (1), 26–38. https://doi.org/10.1007/s40489-014-0032-7
- DuPaul, G. J., Power, T. J., Anastopoulos, A. D., & Reid, R. (1998). ADHD Rating Scale-IV: School Checklist (ADHD-RS-IV) [Database record]. APA PsycTests. https://doi.org/10.1037/t00680-000
- 藤川純子（2021）．Q10 発達障害が疑われる子どもへの支援方法を知りたいです 小島祥美（編）Q＆Aでわかる外国につながる子どもの就学支援「できること」から始める実践ガイド（p.100）明石書店
- 藤本裕人（2016）．合理的な配慮と基礎的環境整備 一般社団法人日本LD学会（編）発達障害事典（p.112）丸善出版
- 花熊曉・鳥居深雪（監修）一般財団法人特別支援教育士資格認定協会（編）（2023）．特別

支援教育の理論と実践［第4版］Ⅲ―特別支援教育士（S. E. N. S.）の役割・実習 金剛出版
- 花熊曉・鳥居深雪（監修）一般財団法人特別支援教育士資格認定協会（編）（2023）．特別支援教育の理論と実践［第4版］Ⅰ―概論・アセスメント 金剛出版
- 菱田博之（2021）．自治体における外国にルーツをもつ障害児と親への支援状況と課題（下）立命館大学産業社会論集, 57（2）, 71-81. http://doi.org/10.34382/00015934
- 堀有伸（2022）．トラウマ 野島一彦（監修）森岡正芳・岡村達也・坂井誠・黒木俊秀・津川律子・遠藤利彦・岩壁茂（編）臨床心理学中事典（pp.329-330）遠見書房
- 一般社団法人日本LD学会LD-SKAIP委員会（2018）．LD（Learning Differences）の判断と指導のためのスクリーニングキット（Learning Differences-Screening Kit for Academic Interventions Program）日本LD学会 Retrieved July 24, 2022 from https://www.jald.or.jp/info/ld-skaip/
- 岩崎賢一（2019）．カラフルな学校ってなに？幸せの道筋と職員室改革―ダイバーシティーやインクルージョンな社会を生き抜く子どもを育てるメソッド― 論座 Retrieved March 10, 2023 from https://webronza.asahi.com/national/articles/2019051000006.html?page=3
- ジム カミンズ・中島和子（2021）．言語マイノリティを支える教育 新装版 明石書店
- 川上郁雄（2020a）．JSLバンドスケール中学・高校編 明石書店
- 川上郁雄（2020b）．JSLバンドスケール小学校編 明石書店
- 金田智子（2022）．第二言語としての日本語教育 異文化間教育学会（編）異文化教育事典（p.225）明石書店
- 金箱亜希（2022）．すぐに使えるおススメ情報 小島祥美（編）Q＆Aでわかる外国につながる子どもの就学支援「できること」から始める実践ガイド（pp. 241-257）明石書店
- 河合美子（2021）．ユニバーサルデザイン 子安増生・丹野義彦・箱田裕司（監修）有斐閣 現代心理学辞典（p.765）有斐閣
- 川崎直子（2013）．外国人児童と発達障害についての考察 愛知産業短期大学紀要, 25, 47-58. Retrieved from https://www.aisan-tsukyo.jp/tandai/about/kiyo
- 金吉晴（編）（2006）．心的トラウマの理解とケア 第2版 じほう
- 越智さや香（2021）．本人や保護者と最初に出会った時に確認すべきことを教えてください。小島祥子（編）Q＆Aでわかる外国につながる子どもの就学支援「できること」から始める実践ガイド（pp.66-70）明石書店
- 国立障害者リハビリテーションセンター発達障害情報・支援センター（2019）．発達障害に関する外国人保護者向けパンフレット 国立障害者リハビリテーションセンター発達障害情報・支援センター Retrieved March 10, 2023 from http://www.rehab.go.jp/ddis/world/brochure/
- 小貫悟（2023）．「個に応じた支援」と「合理的配慮」：UDとICTの視点 特別支援教育の理論と実践 金剛出版
- 小柳かおる・向山陽子（2018）．第二言語習得の普遍性と個別性―学習メカニズム・個人差から教授法へ― くろしお出版
- 栗原真弓（2004）．異文化カウンセリングをするうえでの留意点―帰国児童生徒への臨床を

とおして─ 異文化間教育, 20, 11-19. Retrieved from https://www.intercultural.jp/journal/

- 李暁燕（2023）．学校プリントから考える外国人保護者とのコミュニケーション くろし お出版

- 毎日新聞（2019）．外国からきた子どもたち─日本語支援なし1万人─ 毎日新聞 5月5日 朝刊, 1.

- 松田真希子・中川郁子（2017）．外国にルーツをもつ児童の発達アセスメントと言語の問題について─発達障害と一時的リミテッド状況の鑑別のための調査研究─ 金沢大学留学生センター紀要, 21, 29-42. Retrieved from https://kuglobal.w3.kanazawa-u.ac.jp/publications/

- 松永典子・施光恒・波潟剛・S. M. D. T. ランブクピティヤ（2022）．多文化・多様性理解ハンドブック 金木犀舎

- 文部科学省（2022）．通常の学級に在籍する特別な教育的支援を必要とする児童生徒に関する調査 Retrieved March 10, 2023 from https://www.mext.go.jp/b_menu/houdou/2022/1421569_00005.htm

- 文部科学省（2022）．日本語指導が必要な児童生徒の受け入れ状況に関する調査（令和3年度、速報）について 文部科学省 Retrieved July 31, 2022 from https://www.mext.go.jp/content/20220324-mxt_kyokoku-000021406_01.pdf

- 文部科学省初等中等教育局国際教育課（2014）．外国人児童生徒のためのJSL対話型アセスメントDLA 文部科学省 Retrieved March 10, 2023 from https://www.mext.go.jp/component/a_menu/education/micro_detail/__icsFiles/afieldfile/2018/05/24/1405244_1.pdf

- 文部科学省生涯学習政策局・文部科学省初等中等教育局（2015）．文部科学省所轄事業分野における障害を理由とする差別の解消の推進に関する対応方針の策定について（平成27年文部科学省告示第180号）文部科学省 Retrieved March 10, 2023 from https://www.mext.go.jp/a_menu/shotou/tokubetu/material/1364725.htm

- 文部科学省総合教育政策局国際教育課（2019）．外国人児童生徒受入れの手引 改訂版 文部科学省 Retrieved March 10 2023 from https://www.mext.go.jp/a_menu/shotou/clarinet/002/1304668.htm

- 中島和子（2007）．「ダブルリミテッド・一時的セミリンガル現象を考える」について─母語・継承語・バイリンガル教育─ MHB研究, 3, 1-6. Retrieved March 10, 2023 from https://cir.nii.ac.jp/crid/1050001337692116480

- 中島和子（2021）．子どもの母文化を尊重し、母語を伸ばすことの重要性 小島祥美（編）Q＆Aでわかる外国につながる子どもの就学支援「できること」から始める実践ガイド（pp. 46-65）明石書店

- 日本LD学会（2018）．LD・ADHD等関連用語集 第4版 日本文化科学社

- 日本社会福祉士会（2019）．滞日外国人支援基礎力習得のためのガイドブック 日本社会福祉士会 Retrieved March 10, 2023 from https://www.jacsw.or.jp/citizens/josei/documents/2018/tainichi/guide_A4.pdf

- 西川朋美（編）（2022）．外国につながる子どもの日本語教育 くろしお出版

- Oller, D., Pearson, B., & Cobo-Lewis, A. (2007). Profile effects in early bilingual language and literacy. Applied Psycholinguistics, 28 (2), 191-230. https://doi.org/10.1017/S0142716407070117

- 小野真樹（2021）．発達障害とトラウマ 理解してつながることから始める支援 金子書房
- 大西晶子（2022）．アイデンティティ 異文化間教育学会（編）異文化教育事典（p.248）明石書店
- 太田詳次郎（2020）．複合的課題をもつ外国ルーツの子どもたち 部落解放 増刊号，796，158-169. Retrieved from https://www.fujisan.co.jp/product/2327/
- 齋藤ひろみ（2022）．子どもたちの生活・学習上の困難 齋藤ひろみ（編）外国人の子どもへの学習支援（p.10）金子書房
- 齋藤ひろみ（編）今澤悌・内田紀子・花島健司（著）（2011）．外国人児童生徒のための支援ガイドブック―子どもたちのライフコースによりそって― 凡人社
- 境圭介・都築繁幸（2012）．発達障害が疑われる外国人児童の支援の在り方について 障害者教育・福祉学研究, 8, 35-40.
- 櫻井千穂（2021）．CLD児の言語習得・CLD児への教育と支援 奥野由紀子（編）超基礎第二言語習得研究SLA(pp. 106-130）くろしお出版
- 櫻井千穂（2022）．子どもの日本語力を評価する 西川朋美（編）外国につながる子どもの日本語教育（pp.43-60）くろしお出版
- 島田直子（2016）．多文化背景の子どもたちへの知能検査の利用法―心理教育アセスメントに関する近年の米国の文献から― LD研究, 25, 358-367.
- 島田直子（2018）．米国スクールサイコロジストによる多文化背景の子どものアセスメント―事例を通したアセスメント方法の報告と考察 駒澤大学心理学論集, 20, 33-42.
- 島田直子（2023）．本当に発達障害児だろうか？―アセスメントの方法― 松本真理子・野村あすか（編）外国にルーツをもつ子どもたちのウェルビーイング（pp.123-135）遠見書房
- しまね国際センター(2022)．「やさしい日本語」の手引き しまね国際センター Retrieved March 10, 2023 from https://www.sic-info.org/support/prepare-disaster/easy_japanese/
- Story, M. F., Mueller, J. L., & Mace, R. L. (1998). The Universal Design File: Designing for People of All Ages and Abilities. NC State University, the Center for Universal Design.
- 鈴木ゆみ（2016）．児童養護施設における外国にルーツのある子どものトラウマ症状に関する研究―海外在住経験のある子どもの文化移行プロセスと主観的経験との関係に注目して― こころと文化, 15, 77-87. Retrieved from https://www.jstp.net/Magazine.htm
- 鈴木ゆみ・栗原友佳・榊原佐和子（2021）．多言語環境で育つ子どもの発達と言語に関するアセスメントの一考察―日本におけるCLD児の支援にむけて― マクロカウンセリング研究, 14, 46-60.
- 社会活動推進課多文化共生推進室 多文化共生推進グループ（2019）．プレスクール実施マニュアル 愛知県 Retrieved March 10, 2023 from https://www.pref.aichi.jp/uploaded/attachment/16364.pdf
- 田口恒夫・小川口宏（1987）．ことばのテストえほん 日本文化科学社
- 高橋雅延（2022）．ワーキングメモリ 野島一彦（監修）森岡正芳・岡村達也・坂井誠・

黒木俊秀・津川律子・遠藤利彦・岩壁茂（編）臨床心理学中事典（p.454）遠見書房
- 髙橋脩（2022a）．発達障害のある子どもと家族　荒牧重人ほか（編）外国人の子ども白書―権利・貧困・教育・文化・国籍と共生の視点から―　明石書店
- 髙橋脩（2022b）．発達障害児と家族への支援（p.228）日本評論社
- 髙橋脩・清水康夫・天久親紀・今出大輔・大澤多美子・金重紅美子・神谷真巳・嘉陽真由美・佐竹宏之・関正樹・樋端佑樹・東俣淳子・富樫恭平・宮﨑千明（2018）．平成29年度厚生労働科学研究費補助金（障害者総合研究事業）発達障害児者等の地域特性に応じた支援ニーズとサービス利用の実態の把握と支援内容に関する研究　厚生労働科学研究成果データベース　Retrieved March 10, 2023 from https://mhlw-grants.niph.go.jp/system/files/2017/172091/201717005A_upload/201717005A0022.pdf
- 社会活動推進課多文化共生推進室　多文化共生推進グループ（2019）．プレスクール実施マニュアル　愛知県　Retrieved March 10, 2023 from https://www.pref.aichi.jp/uploaded/attachment/16364.pdf
- 富山県教育委員会（2016）．特別支援教育学びQ＆A（特別支援教育指導資料第102集）富山県総合教育センター　Retrieved March 10, 2023 from http://www.center.tym.ed.jp/wp-content/uploads/5efd1400c6287698c42a2fd24cb657ed.pdf
- 富山県教育委員会（2019）．先生が気づいて動けるチェックリスト　富山県総合教育センター　Retrieved March 10, 2023 from http://www.center.tym.ed.jp/wp-content/uploads/2019cl_full.pdf
- 豊橋市教育委員会（2015）．「特別の教育課程」による日本語指導　参考資料　指導計画例　小学1年生　豊橋市教育委員会　Retrieved March 10, 2023 from http://www.gaikoku.toyohashi.ed.jp/tokubetunokyouikukatei/04keikakurei/0411tokubetsu.pdf
- 黒葛原由真・都築繁幸（2011）．外国人ADHD児の学習行動に関する分析　障害者教育・福祉学研究, 7, 59-73.
- 植木田潤（2016）．教室にいる発達障害のある子どもと教師を支援する　平井正三・上田順一（編）学校臨床に役立つ精神分析（pp.80-100）誠信書房
- 上野一彦（2016）．特別支援教育　一般社団法人日本LD学会（編）発達障害事典（p.82）丸善出版
- 上野一彦・名越斉子・小貫悟（2008a）．PVT-R 絵画語い発達検査手引き　日本文化科学社
- 上野一彦・篁倫子・梅津亜紀子（2008b）．LD判断のための調査票（LDI-R）手引き　日本文化科学社　Retrieved July 30, 2022 from https://ci.nii.ac.jp/ncid/BB07941110
- Uljarević, M., Katsos, N., Hudry, K., & Gibson, J. L. (2016). Practitioner Review: Multilingualism and neurodevelopmental disorders - an overview of recent research and discussion of clinical implications. Journal of Child Psychology and Psychiatry, 57 (11), 1205-1217. https://doi.org/10.1111/jcpp.12596
- 臼井智美（2014）．ことばが通じなくても大丈夫！学級担任のための外国人児童生徒サポートマニュアル　明治図書
- 山脇啓造・服部信雄（2019）．新 多文化共生の学校づくり―横浜市の挑戦―　明石書店

おわりに～結びに代えて～

　このプロジェクトの着想は、私が関西地方に転居した約5年前にさかのぼります。目の前の子どもが抱える困難が、言語発達によるものなのか、発達の課題があるのか、あるいは文化移行や家庭環境の影響なのか…。彼らの抱える言語的困難や生きづらさをどう理解し支えたらいいのかわからず、支援者として無力感を抱えていたころ、思いがけず財団から助成金をいただき研究をスタートさせました。

　しかしこの着想は、大きな海原に手漕ぎボートで漕ぎ出すような、楽観的で無謀な試みであることにすぐに気づかされました。時はコロナ禍、不安な日常がつづくなかでオンラインによる話し合いが続きました。ようやく先行研究をまとめられたのは1年が過ぎたころでした（鈴木・栗原・榊原、2021）。そのような中、私たちの研究を前に進める原動力となったのは、訪問先の学校で出会ったCLD児たちの精いっぱい生きる姿と、それを支える教師や支援者の真摯な取り組みでした。

　先生方へのインタビューでは、要因の特定が困難であることに加え、指導や支援の難しさ、社会資源や情報の不足などの切実な思いが語られました。同時に、日本の実証研究は限られていることがわかりました。長い道のりになりますがやるべきことがみえてきた貴重な2年間でした。

　したがって、この本に結論的なことを期待されて手に取っていただいた方の中には、がっかりされる方もいらっしゃるでしょう。ですが、第3部で述べたように、たとえCLD児の正確なアセスメントの方法や対応が明らかになっていないとしても、これまでの学校教育のなかで積み上げられてきた日本語教育、特別支援教育、スクールカウンセリングを活かすことができるのではないか、そのような考えに至ったのもこの研究の成果の一つでした。

おわりに

　CLD児はこれからの日本と世界の未来を担う高いポテンシャルと可能性にあふれた子どもたちです。その子どもたちの能力を最大限に伸ばすために、また充実した学校生活をおくってもらうために、言語と発達、心理のアセスメントと支援をどうすべきかという問いは立てられたばかりです。

　最後になりますが、本研究にご協力いただいた、各学校の先生方やNPOの皆さまに心よりお礼申し上げます。また貴重なご助言と専門的知識教授をいただいた、髙橋脩先生、増本朱華先生、奥村安寿子先生に御礼申し上げます。本研究・並びに本書は、博報堂教育財団より「第16回児童教育実践についての研究助成」を受けたものです。みなさまのおかげでCLD児の言語と発達について取り上げた日本で最初の本を出すことができました。

　ここに謹んでお礼申し上げます。

　令和5年3月
　さくらが舞う北摂のカウンセリングルームにて

研究を代表して

鈴木　ゆみ

著 者 紹 介

▪ **鈴木ゆみ　YUMI SUZUKI** （担当：第1章、第2章、第4章～第7章）

関西学院千里国際キャンパス　カウンセラー　臨床心理士／公認心理師、博士（心理学）

専門は異文化間心理学。修士課程修了後、ドイツにあるBehandlungszentrum für Folter Opfer Berlinで外国人臨床の実習を行う。帰国後は児童・思春期臨床に関心をもち、現在は教育現場においてCLD児の心理支援に従事している。主な著書『クローズアップ 学校（現代社会と応用心理学1）』（分担執筆、福村出版、2015年）他。

▪ **榊原佐和子　SAWAKO SAKAKIBARA** （担当：第3章、コラム4）

北海道大学学生相談総合センター　准教授　臨床心理士／公認心理師、博士（心理学）

専門は障害学生支援、コミュニティ心理学。現在は大学において障害のある学生の支援を行っている。

▪ **栗原友佳　YUKA KURIHARA** （担当：コラム1～3、イラスト、レイアウト）

江戸川区日本語指導員　多摩大学大学院経営情報学研究科博士課程前期

専門は特別支援教育、日本語教育。現在は多摩大学大学院に在籍しながらグローバルシチズンシップ教育（開発教育・国際理解教育）に携わっている。

▪ **松本（朝倉）理恵　RIE ASAKURA-MATSUMOTO** （担当：用語説明、すぐに役立つツール一覧、引用・参考文献）

関西学院千里国際キャンパス　英語科教員　公認心理師

英語教育、帰国子女教育に携わっている。

文化的・言語的に多様な子ども(CLD児)支援のためのガイドブック
—日本語教育と特別支援教育の統合をめざして—

2023 年 3 月 31 日　初版第 1 刷発行

編著者　　鈴　木　ゆ　み

発行者　　風　間　敬　子

発行所　　株式会社　風　間　書　房
〒 101-0051　東京都千代田区神田神保町 1-34
電話 03(3291)5729　　FAX 03(3291)5757
振替 00110-5-1853

印刷　平河工業社　　製本　井上製本所

©2023　Yumi Suzuki　　　　　　　　　　　NDC分類：378
ISBN978-4-7599-2471-8　　Printed in Japan

ISBN978-4-7599-2471-8

C3037 ¥1700E

定価(本体1700円＋税)